海外中国研究丛书
———
到中国之外发现中国

江南

中国文雅的源流

江 南

中国文雅の源流

[日]中砂明德 著
江 彦 译

江苏人民出版社

图书在版编目(CIP)数据

江南:中国文雅的源流/(日)中砂明德著;江彦译. -- 南京：江苏人民出版社,2024.11.--(海外中国研究丛书/刘东主编).-- ISBN 978-7-214-29126-4

Ⅰ.K295

中国国家版本馆 CIP 数据核字第 2024FY4125 号

KOUNAN-CHUUGOKU BUNGA NO GENRYU
© Akinori Nakasuna 2002
Original Japanese edition published by KODANSHA LTD.
Publication rights for Simplified Chinese character edition arranged with KODANSHA LTD.
through KODANSHA BEIJING CULTURE LTD. Beijing, China

本书由日本讲谈社正式授权,版权所有,未经书面同意,不得以任何方式做全面或局部翻印、仿制或转载。

Simplified Chinese edition copyright © 2024 by Jiangsu People's Publishing House
All rights reserved

江苏省版权局著作权合同登记号:图字 10-2020-458 号

书　　　名	江南:中国文雅的源流	
著　　　者	[日]中砂明德	
译　　　者	江　彦	
责 任 编 辑	胡海弘	
装 帧 设 计	陈　婕	
责 任 监 制	王　娟	
出 版 发 行	江苏人民出版社	
地　　　址	南京市湖南路 1 号 A 楼,邮编:210009	
照　　　排	江苏凤凰制版有限公司	
印　　　刷	江苏凤凰通达印刷有限公司	
开　　　本	652 毫米×960 毫米　1/16	
印　　　张	16.25　插页 4	
字　　　数	164 千字	
版　　　次	2024 年 11 月第 1 版	
印　　　次	2024 年 11 月第 1 次印刷	
标 准 书 号	ISBN 978-7-214-29126-4	
定　　　价	68.00 元	

(江苏人民出版社图书凡印装错误可向承印厂调换)

序"海外中国研究丛书"

中国曾经遗忘过世界,但世界却并未因此而遗忘中国。令人嗟讶的是,20世纪60年代以后,就在中国越来越闭锁的同时,世界各国的中国研究却得到了越来越富于成果的发展。而到了中国门户重开的今天,这种发展就把国内学界逼到了如此的窘境:我们不仅必须放眼海外去认识世界,还必须放眼海外来重新认识中国;不仅必须向国内读者迻译海外的西学,还必须向他们系统地介绍海外的中学。

这个系列不可避免地会加深我们150年以来一直怀有的危机感和失落感,因为单是它的学术水准也足以提醒我们,中国文明在现时代所面对的绝不再是某个粗蛮不文的、很快就将被自己同化的、马背上的战胜者,而是一个高度发展了的、必将对自己的根本价值取向大大触动的文明。可正因为这样,借别人的眼光去获得自知之明,又正是摆在我们面前的紧迫历史使命,因为只要不跳出自家的文化圈子去透过强烈的反差反观自身,中华文明就找不到进入其现代形态的入口。

当然,既是本着这样的目的,我们就不能只从各家学说中筛选那些我们可以或者乐于接受的东西,否则我们的"筛子"本身就可能使读者失去选择、挑剔和批判的广阔天地。我们的译介毕竟还只是初步的尝试,而我们所努力去做的,毕竟也只是和读者一起去反复思索这些奉献给大家的东西。

刘　东

中文版自序

本书作为日本的商业出版社——讲谈社"选书"丛书中的一册,出版于二十年前。丛书内容不仅有历史,更横跨文学、思想、艺术等领域,是一套面向拥有旺盛求知欲与好奇心的、不限地区的普通读者的书籍。虽然现在这套丛书仍在推出新刊,但本书已经绝版,只能买得到二手书。而这样一本书能够成为"海外中国研究丛书"中的一册,对我来说实在是一件喜出望外的事。因为这套丛书译介了诸位中国学大家的著作,其中也包括数位京都大学前辈的作品。

本书在日本出版后没有获得什么反响,对此我进行了一些自我分析。原因之一,我觉得可能是这本书虽是一本普及向的书,却出现了太多日本人不知道的人名。而就这点而言,对中国的读者来说,本书中出现的人物,很多应该是本来就听说过的,所以或许不太会有这个问题。不过还有一个更加根本的问题:本书中不仅出现了很多人名,还加进了太多涉及美术、历史书、倭寇等等方面的话题,因而导致读者可能会难以把握这本书整体上要传达什么信息。为此,我想在这和中国的读者们先说明一下我写作本书的意图。

喜爱江南风土和文化的人听了可能会失望：我自己对江南并没有什么特别的念想。曾有读者问我，对本书中没有讲到的庭园（园林）文化有何看法；或是之前某日本美术馆举办以苏州为主题的展览时，曾请我去做演讲。这些反应恐怕都是出于大家觉得我应该深爱着江南的文化，关于江南有说不尽的话。

其实，我对江南的关心和那般念想完全没关系，一切只是始于对"被认为是文化、经济中心的江南，除了明初、民国等有限的时期，为何没有成为统一帝国的中心"这一中国史中的"错位"现象的疑问。当然，有很多人都曾注意到这个问题。关于中国史上的"南北问题"，日本有桑原骘藏（他和作品收录于本套丛书中的内藤湖南同为京都大学东洋史学的鼻祖，如今他在中国的知名度虽然不比内藤湖南，但他的著作早在清末民初时期就被译成了中文）在近一个世纪前写下著名论文《历史上所见的南北中国》，文中描画了"政治之北方，文化、经济之南方"这一构造的形成过程。

不过，桑原所说的"南中国"，正如字面所表示的那样，是指中国的整个南半边，并不特指长江下游的所谓江南地区。我曾怀疑，江南的文化地位或许长期以来都被高估了。而本书虽然在书名中高举"江南"，实际上却给南中国的边缘区域——福建分配了大量篇幅。福建是朱子学的故乡，地处山区的建阳直到明末都是出版业的中心地带。也就是说，可以认为从宋代到明代，文化的"信号源"都在福建；而江南要到明末，才成为真正意义上的文化中心。我虽然对书画毫无关心，却在本书中着重讲了松江府出身的董其昌,也是出于这个原因。不过,同时讲到江南和福建,确实令本书想要传达的信息变得暧昧不明了。

后来,关于"南中国"在文化方面逐渐上升的过程,我写了一本以福建为中心展开讨论的书(《中国近世的福建人:士大夫与出版人》*,2012年)。此书和前作不同,首先它算是一本学术书;然而在日本的学界,我的"南中国"观并没有获得什么支持。这本书原本计划由福建的出版社发行中译本,不过签订出版合同后至今没有音讯。

如今,我研究的主要方向是在本书中也稍微露了一下脸的耶稣会,因此对日本和中国的江南研究的现状不甚了解。不过,近年丸桥充拓先生写了一本书名也叫《江南》的作品,作为岩波书店中国史系列中的一册出版。和我的书不同,丸桥先生的书所讨论的时代止于南宋。另一方面,丸桥先生的书将来应该会在日本被人们熟读,这也和我的《江南》不同。能够阅读日语的读者,我推荐看一看这本《江南》。

我的《江南》在2009年已有韩语译本出版。对于韩国的读者来说其中应该也有很多不熟悉的人名,所以编辑特意在卷末附上了人物的略传。不过因为我和译者完全不相识,所以也没被邀请写作序文。而韩国读者的感想,我也完全不清楚。本来以为这次的中译本又会是同样的展开,但某天我指导的学生江彦君突然告诉我,"我参加了《江南》的译者募集",

---

* 原题为『中国近世の福建人 士大夫と出版人』。——译者

这令我有些吃惊。关于他为什么想要翻译这本书,我没有特意问。不过,多亏他主动担当译者,出版社和我取得了联系,并拜托我写下这篇中文版序。这也让我时隔多年有机会回忆起这本从前写的书。在此对江君和康海源编辑深表感谢。另外,江君在翻译时,对书中所用史料进行了认真细致的检查,指出了十几处错误。对此,我想要再次致谢。对于在日本如今已经几乎没有流通的本书,能否在出版了大量有关江南的优秀学术书的"原产地"行得通,我感到有些不安;不过若有读者能在本书中,发现一些自己觉得有意思的东西,我就知足了。

2022 年 3 月 11 日

中砂明德

目 录

序章　中国史上的南北问题　1
　文雅与丰饶　1
　"人间天堂"——苏州这座城　6
　江南文化的代表选手　8
　董其昌对美术史的影响力　10
　南人与北人　12
　Cathay(契丹)和 Manji(蛮子)　16
　中华的正嫡　19
　本书的构成　22

第一章　兴趣市场　26
　江南主导的艺术　26
　贫穷少年的梦　28
　兰亭热　30

文化重建　34

目录/指南文化　36

南北的艺术　38

掌权者与苏州人　41

文人画与市场　45

明码标价　48

南北往来　51

作为商业交易场所的书画船　57

新安人与艺术市场　60

文化的信使——新安商人　63

丑闻　65

艺术宗师　67

两位"文敏"　70

第二章　学术市场　73

学术上的南北差异　73

所谓福建　75

朱熹与建阳　77

对出版的关心　78

学术中心　81

科举兴复与老学者　84

为了卖书　86

学者与出版者的交流　89

新安学派　91

对知识的包装 94

建阳的影响力 96

建阳的大火 98

第三章　通鉴家族的繁衍 101

《资治通鉴》的影响力 101

对"节本"的需求 105

通鉴的嫡子 107

懂行的读者 111

《纲目》的普及 115

实在做事的人 117

通鉴的庶子 121

《续纲目》出版的背景 123

《纲目》普及版 126

史学的通俗化 130

俗之顽强 134

被征服的传教士们 136

第四章　北虏南倭 140

自海的彼岸 140

文士论兵 142

做地图 146

岛夷的爪痕 149

倭寇害怕的老虎 151

跨界文武 153

  山人的活跃　*157*

  山人北上　*160*

  南人的脚力　*162*

第五章　动乱时代与南人　*165*

  倭寇复活　*165*

  关白袭来　*168*

  福建的生命线　*172*

  大恶党平秀吉　*173*

  大惊小怪　*176*

  摇钱树　*178*

  来自故乡的信　*181*

  倭船出现　*185*

  记奇　*188*

  晚开的花　*192*

  北方战线　*196*

  沽之哉　*198*

  由南向北　*201*

第六章　一技之长　*203*

  下南洋　*203*

  小吏产地・绍兴　*206*

  江西人在外省　*208*

  昆曲的普及　*210*

  南方的多样性　*212*

终章　中国史之中的"南" *216*

　　福建的衰退？ *216*

　　新旧交替 *219*

　　苏州和福建 *221*

　　江南的文化称霸 *224*

　　南人的动向 *227*

　　日本与江南 *228*

本书相关大事年表 *231*

后记 *236*

序章　中国史上的南北问题

文雅与丰饶

要说日本人关于长江下游——所谓江南地区的文章，中国文学研究者青木正儿（1887—1964年）所写的《江南春》（1922年）可为一例。他在开头写道："我从上海的热闹中遁逃，为了养神明目，昨日往西湖来了。"各段分别以"杭州花信""湖畔夜兴""姑苏城外""南京情调""扬州梦华"为题，从疾驰着的近代都市——上海，到节奏慢上半拍、适合漫步的古都——杭州、苏州、南京、扬州，他在文中将这些地方的情景截取下来展示给了读者。①

在苏州城外，青木虽对煞风景的火车轨道感到扫兴，但也因有美妙的发现而雀跃小跑：一艘装饰极尽华美的画舫映入了他的眼帘。几位身披绸缎的风雅男士正围坐其中，在小桌旁啜饮茶汤。但实际上，要是走近去看，恐怕就会看到吃得到

---

① 收录于青木正儿『江南春』，东京：平凡社东洋文库，1972年。

处都是的西瓜籽。虽知如此,青木还是在脑海里往船上布置了正在表演昆曲一幕的旦角,试着将眼前的情景与曾有唐寅、祝允明这些浪荡子阔步高谈的四百年前的苏州交叠在一起。而现实中存在于青木眼前的,是一个要花些力气去联想才能有所感受的,早就跟当年大不相同的世界。不过,如果读一读最近一些建筑史家所写的书,我们可以了解到当年那般闲静的水乡风景似乎依然在苏州摇曳。②

青木正儿
(《青木正儿全集》第 1 卷,春秋社)

除了苏州,青木在书中提到的杭州、南京、扬州也都是文化气息浓厚的城市。杭州在七世纪初,作为当时开凿完成的大运河的终点而逐渐发展起来,十二世纪成为南宋王朝的国

---

② 陣内秀信编:『中国の水郷都市——蘇州と周辺の水の文化』,东京:鹿岛出版会,1993年。

都,文化在西湖畔开花结果。另外,曾在三国吴与南朝时代当过都城的建康,也一度成为建国于十四世纪的明王朝的首都,在明朝政府迁都北京后,仍然作为副都南京享有重要地位。它与苏州一道,依然是文化的中心。扬州虽未成为过王都,但也在积累下巨额财富的清朝盐商们的庇护下,形成了独具特色的文化。

江南在四世纪东晋南迁后,尤其是南朝时代获得了开发,与此同时北方的贵族文化也被移植到了这里。隋朝在六世纪末成功统一南北,而通常认为隋朝的第二代皇帝——隋炀帝下令开凿大运河的目的之一,便是游幸江南。他在皇子时期曾在南方生活过一段时间,为南方的魅力所俘获。不用说,同时期憧憬南方的北方人当然不只有他。

不过,习惯不了南方风土的也大有人在。至少直到唐前期,对官员来说,被派到南方依然意味着降职。另外,在唐中期的户口统计中,南北户口的比例依然只有 35∶65。

安史之乱(755—763 年)时逃到南方避难的人里,有很大一部分就此定居南方。喜爱苏州与杭州风景的北方人所创作的关于当地的诗文,也由此多了起来。其中关于白居易与苏州、杭州的蜜月关系的佳话,流传至今。而随着黄河以北各藩镇的半独立化,国家对南方的经济依赖也逐渐增加。

在随后的五代十国的混乱期,南方各地建立起了地方政权。在江南建立的吴/南唐、吴越,比起北方的政权要来得相对稳定。不过它们完全不具备觊觎中原的实力,最终都降于宋朝。

对江南经济的依赖程度并未因天下统一而减少。每年光是大米,就有六百万石被从江南运往首都开封。然而在官界,南人受到了冷遇。在立国近半个世纪后才诞生了第一位南人宰相。此后,南人在政界逐渐活跃起来,范仲淹、欧阳修、王安石等大政治家相继登场。到十一世纪下半叶的元丰年间,南北的户口比已逆转成了65∶35。

而后,北宋朝廷受到由女真人建立的金朝的驱逐,被迫南迁。由此,官僚、军人为首的大量人口流入南方。长江三角洲的开发也被进一步推进,以至于产生了"苏湖熟,天下足"这样的俗语。苏州、杭州也被形容为"上有天堂,下有苏杭"。马可·波罗对十三世纪元代中国情景的描绘也印证了这一点。他感叹于 Sou-tcheou*(苏州)人口之多:"如果这里的市民全都是军人,就足够征服世界了吧。"他又评价旧都 King-sse**(杭州)是世界上最富裕的城市,用相当大的篇幅介绍了杭州。关于当时整个欧洲都垂涎不已的胡椒,他从大汗的税吏那里打听到,单杭州一个城市每天就要消耗四吨以上,对此他感到非常惊讶。③

三百年后,利玛窦等耶稣会传教士来到中国。这次,他们不只是当当观光客,而是作为居留者观察到了各种社会现象。其中,游走于各地的卫匡国(1614—1661年)在他的著作《中

---

* 罗马字表记参考 Marco Polo, Pauthier, G. (Guillaume), *Le livre de Marco Polo*, Paris, Firmin Didot frères, fils et cie., 1865。同下。——译者

** 即"行在"。——译者

③ マルコ・ポーロ著,爱宕松男译:『東方見聞録2』,东京:平凡社东洋文库,1971年,第54、65页。

国新地图志》的解说部分,留下了不逊于马可·波罗的丰富记录。

比如,他记录:福建各地的方言大不相同。虽然知识分子能够用官话(明清时期形成的普通话)交流,但普通人用自己的方言,连和邻近地方的人都难以沟通。其中,只有延平府普及了"知识分子的语言"(指官话),这是因为此处是"南京人的殖民地"(传教士们认为当时的官话是以南京话为基础的)。诸如此类,书中很多地方都体现出作者对地域差异的认识。

在卫匡国行走于中国的时代,明清交替时动乱的余波还未完全收束。他在书中多次提到:南方各地正处于从"鞑靼人"(当时欧洲对蒙古人、满人的统称)所造成的破坏中恢复、重建的状态。即便如此,除去满洲的驻军,南京也有超过一百万的人口。江西省会南昌曾有教堂受战火牵连而被破坏,即便是被这样严重破坏的南昌,市民用心饲育的小猪也又多了起来,甚至妨碍到了城内人们的通行。而托与猪具有同样繁殖力的福,获得"老鼠"绰号的江西省人开始向全国各地移居。卫匡国指出的这些情况,恐怕很多是借用了中国各地方志的记述。不过,有过乘船沿横跨江西全省的赣江顺流而下经历的他,毫无疑问亲身感受到了当时江西的活力。④

---

④ "第十一个省福建,第五个城市延平"中记载了延平府的方言情况,"第九个省江南,第一个城市江宁"中记载了南京的情况,"第八个省江西,第一个城市南昌"中记载了南昌的情况,而关于江西人有鼠这个绰号则在"江西"的总论中可以看到相关叙述。

"人间天堂"——苏州这座城

在青木提到的四个城市里,日本人最熟悉的大概就是水都苏州了。

南京、杭州都有过当皇都的经验,相比之下苏州基本上与中央政府无缘。不过,这也正是苏州能孕育出独特文化的一个不可或缺的因素。

苏州在宋代已是屈指可数的大城市之一,而在蒙古大帝国出现后则愈加繁荣。以苏州为中心,由昆山、嘉定、吴江、常熟各州组成的平江路的户数,由宋末的不足三十三万户,在十五年里增长了1.5倍多。人口的增长,与向首都大都运输物资的方式转变为以海运为中心有很大的关系。装货港刘家港的人口,据说在十四世纪初就达到了五十万。⑤ 另外,此港也是明初郑和远征南海的舰队起航的地方。

在元末群雄割据的时代,盐商出身的枭雄张士诚以苏州为都,也正是看中了这种繁荣,不过苏州的命运自此开始黯淡:明朝开国者朱元璋在击败张士诚后,对苏州进行了彻底的打压。为充实新都应天府(后来的南京),他强迫苏州居民进行迁徙。为街巷带来光彩的艺妓们也被迫移籍,歌舞音乐戛然而止。

不过,苏州在十五世纪末实现了迅速复兴,在十七世纪重

---

⑤ 参考梁庚尧《宋元时代的苏州》,《台湾大学文史哲学报》第三十一期,1982年。

又成为和南京比肩的江南代表都市。这里,我们引用一段卫匡国的记录:

> 佛教僧侣朱(指朱元璋)起兵反抗鞑靼人(蒙古人)时,这座城和周边的许多城市一样,英勇防卫了很长时间,其中一位鞑靼人的君侯(指张士诚,实际上是汉人)虽对洪武(朱元璋)的军队进行了抵抗,但最终战败了。因为这个原因,这座城至今仍被强加着过重的税费负担。不过,因其土壤肥沃,食材与商品很丰富,税收并未成为很大的负担。这座城在远东也是屈指可数的商业城市,中国人因其富饶、美丽与快乐,称之为人间天堂。在中国,有"上有天堂,下有苏杭"的谚语,意思是"天在高不可及的地方,而苏州与杭州就是这人世间的天堂"。……纵横在苏州城内的河流,适合作为饮用水,水流平稳,称之为湖更为妥帖。与威尼斯相同,水陆两方皆适于散步游览,不过在饮用水和生活必需品这两点上,苏州要优于威尼斯。城内外的桥的数量虽不及南京,但也很多;多数是优良的石质桥,其中既有多孔拱桥,也有横跨小河的单孔拱桥。打桩机在水中打了很深的桩,道路和人家就建造在上面。湖湾与运河使得大船也能航行无碍,穿城出海只需三日的行程。因为离连通海洋的诸多河流的源头——太湖很近,有多到难以置信的船只与商品在此往来。苏州城墙周回四十里,如果把郊外算进来毫无疑问要超过百里。在这里,生活和娱乐所需的物品一应俱全,只因这里是帝国最有名的地方之一,葡萄牙、印度、日本

和中国其他城市的商品应有尽有。

"人间天堂"的说法已由马可·波罗介绍到西方,而卫匡国用自己的实际体验来为其背书。为了用数据说明这个事实,他拿出了在税关当官的朋友的证言,说苏州郊外的税关每年征收的商税可达一百万达科特。⑥

正是丝绸、棉纺织业的发展,带来了这般经济繁荣。就像宫崎市定(1901—1995年)在其著名论文《明清时代的苏州与轻工业的发达》*(1951年)中,将明代苏州与政治中心北京之间的关系比作大坂与江户所体现出的那样,⑦苏州在当时成了与北方的首都相抗衡的江南的代表城市。

不过这里要顺带一提:明初受到重创的记忆,着实印刻在了苏州人的心底。比卫匡国早四十年到访当地的利玛窦,也留下了相关证言:明王朝政府与苏州之间潜在的紧张感,一直持续到了明末。⑧ 这种与政权的距离感和对抗意识,对苏州文化的气质产生了很大的影响。

江南文化的代表选手

以繁荣的经济为支撑的明代苏州,诞生了大量才子。青

---

⑥ "第九个省江南,第三个城市苏州"。
* 日文原题为『明清時代の蘇州と軽工業の発達』。——译者
⑦ 收录于『宮崎市定全集』第十三卷,东京:岩波书店,1992年。
⑧ マッテーオ・リッチ著,川名公平译:『中国キリスト教布教史 一』,东京:岩波书店,1982年,第394页。

木当时想起的唐寅和祝允明,分别是明代中期具有代表性的画家和书家。明代更有像唐寅的友人文徵明这样书画兼修的大文人,以及在十六世纪后半叶的文坛独步一时的王世贞等等,他们的声威延及后世。而王世贞在荻生徂徕*的古文辞运动中也被重点提及,这使得他在江户日本也很有名。当然,明末的陈仁锡与冯梦龙也不可不提。他们虽不像文、王二人般为光环所笼罩,但作为大编辑家完成了各自足以流传后世的作品。后者编纂的笑话集《笑府》与短篇小说集"三言",为江户时期的落语与小说提供了大量素材。⑨

此外,还有从明末一直活跃到清代的大出版家毛晋,他也是苏州府下常熟县人士。他所创办的汲古阁所刊《十三经注疏》与"十七史"(从《史记》到《五代史记》的十七部正史)对经学与史学知识的普及起到了非常大的作用,所辑刊《六十种曲》也成了日后的标准版本。"汲古阁本"给予读书人恩惠之大,可以说绕过它就没法讲中国出版史。

而复社将明末苏州这样的文化实力,发挥到了政治方面。当时,以评选八股文(针对科举的应试文章)为活动核心的文人结社在江南各地丛生。其中以苏州太仓人张溥为领袖的复社,在组织扩张的过程中,逐渐由文学社团转变成了政治社团。

---

* 日本江户时代著名儒学家。——译者
⑨ 关于冯梦龙的事迹,可以参考大木康『明末のはぐれ知識人——馮夢竜と蘇州文化』,东京:講談社選書メチエ,1995年;关于对落语的影响,可以参考駒田信二『江戸小咄』,东京:岩波书店,1985年。

复社同人中涌现了不少科举合格者。因此张溥即便身在江南,也能对中央的政局施加影响力,遂被人称为"江南小天子"。尽管这个称呼带有反对派夸张的成分,但他的确被北京政府视为危险的存在。因为明王朝不久之后就灭亡了,所以北京和江南的紧张关系未能浮出水面。不过可以认为,这是处于明朝初期以来苏州与中央对立关系的延长线上的,且为其后清朝统治下的南北对立所继承。

曾是复社同人的苏州人顾炎武(1613—1682年)在参加了反清军事斗争后,余生都以明朝遗民自居。他在游历各地之余,以笔耕为后世留下了重要的财富。将明朝灭亡的原因之一归结于流行空谈的他,将自己的精力放在了以文献学为方法的学问上,被认为是清代考证学的鼻祖。到了清代,在这种通过学问来把握历史和现实的潮流的背景下,"经世济民"被重视了起来。由此形成的历史观与文明观,也影响着我们对中国史的看法。

董其昌对美术史的影响力

东邻苏州的松江,在元代作为松江府已经在行政上独立,至明代则与苏州并称为"苏松",而"苏松"是明朝最重要的经济区域。在支撑松江繁荣的产业之中,棉业尤为突出。从数字来看的话,松江府下的上海县在利玛窦那时算进郊外已有三十万人口,其中织工据说就有二十万人。[10] 虽然上海在十

---

[10] 『中国キリスト教布教史 二』,第186页。

九世纪西洋列强进入之后才成为大城市，但客观上的基础准备可以说从很久之前就已经开始了。

而松江人董其昌（1555—1636年）对中国美术史的影响力，要大于顾炎武之于学问。董其昌和他身边人所提倡的，是关于山水画的南北二宗论。

所谓南北二宗论，是将出现在唐代的将禅宗分为南北二宗的划分方法，运用到绘画史上的尝试。二宗分别以擅长绘画的盛唐诗人王维与宗室画家李思训为祖，立南宗与北宗，又将历代著名山水画家归类到其中一派。这里的归类，并不以南人、北人这类出身为标准，而是以水墨/着色，或是皴法（岩石的画法）等技法的不同为依据。不过，占比重更大的，是南宗＝文人画、北宗＝画工画这种划分方法。前者虽在专业技巧上有所逊色，但在有画家人格加成的风韵方面，则优于后者，被视为上乘。

实际上，以技法来区分"宗"，说服力很薄弱。另外，北宗中有文人，反过来南宗中也有画工（比如，在南宗中地位高于始祖王维的董源，是南唐的宫廷画家）。由于存在这些问题，如今这个理论已经被宣告几乎失效。不过，透过近代之后关于南北二宗论是否无效的讨论之激烈，还是可以看出它曾经的影响力之大。

此外，该理论只涉及山水画，而同样达到了一定高度的人物、故事、花鸟画则被排除在二宗论的视野之外。虽说文人也有进行这些题材的创作，然而从绘画史整体的角度来看，要说存在偏向山水的情况，也是难以否认的。

如果能从唯文人画/山水画的观念中解放出来,对绘画的看法也会发生改变。比如,卫匡国所欣赏的是花鸟的逼真程度,他并不把山水等当一回事。⑪ 他没有山水画＝中国画的成见,或许可以说这种看法更为坦率。

不过,如今中国美术史家的研究对象多半还是山水。欧美那边也是如此。其中也有试图解构山水画中心史观的人,只是恐怕他们的声音少有应和。⑫ 如此顽固的"山水画钢印"能够写入后世人的脑海,有董其昌的一份力。

此外,董其昌在书法方面也有自己独到的见解,收录了他相关言说的《画禅室随笔》对后世也产生了很大影响。⑬ 撇开实力等等不谈,如果说他是宋代之后在艺术文化领域最有影响力的士大夫,恐怕几乎没人不同意。

南人与北人

明代后期从苏州一带扩散开来的文化的影响力有极其重要的意义。不过这里我们把视野放宽,先来看一看中国文化中南北比较的问题。

结束留学生活正要回国的桑原骘藏(1870—1931年)也顺道来过江南,时间比青木正儿早十三年。可能由于逗留时

---

⑪ 『アトラス』序文。
⑫ C. Clunas, *Pictures and Visuality in Early Modern China*, Reaktion Books, 1997.
⑬ 参考神田喜一郎『画禅室随筆講義』,京都:同朋舍出版,1980年。

间较短,关于江南他没有留下像在北方巡游石碑(后收录在《考史游记》⑭)时那样详细的记录。不过,他写了《历史上所见的南北中国》(1925年),尝试对中国的南北进行比较。⑮ 桑原在此文中所说的南中国,指的是整个长江以南地区。

到中国留学前的桑原骘藏
(《桑原骘藏全集》第2卷,岩波书店)

桑原在文中用了各种指标来解说南方逐渐凌驾并最终压倒北方的过程。比如,宋代以后著名的文化人几乎都是南方出身。他列举了朱熹(福建)、陆九渊(浙江)、王阳明(浙江)、

---

⑭ 桑原隲藏:『考史遊記』,东京:弘文堂书房,1942年;东京:岩波文库,2000年。
⑮ 桑原隲藏:「歴史上より観たる南北支那」,收录于『桑原隲藏全集』第二卷,东京:岩波书店,1968年。

顾炎武（江苏）、黄宗羲（浙江）、王夫之（湖南）、康有为（广东）、梁启超（广东）等等名字。

除了这种比较明显的例子，桑原也关注到了以笔试为主的官吏选拔制度——科举。整体上的"文化差距"可以从科举结果的数字中看出端倪。关于这个问题，顾炎武也曾论及（《日知录》卷一七"北卷"），他提到北宋时代"南人"在科举中占优势，而金、南宋两朝并立时期和施行特殊科举制的元朝则另当别论，到了重新举行南北统一考试的明朝，这种差距则日益明显，且最终稳定下来。

明朝为处理这种偏差，想出了"南北卷"制度。地方考试的合格者（举人），为参加三年一度的会试而集结在北京。显而易见，如果按照一般程序进行考试，三百人左右的合格者大多数都会是南人。于是，明朝便想出按地域分配名额以调整南北比例的制度，最后产生了北（直隶、山东、山西、河南、陕西）、南（长江以南的南直隶、浙江、江西、福建、湖广、广东）、中（四川、广西、云南、贵州、长江以北的南直隶）按照3∶6∶1的比例来分配的办法。⑯ 由此，南人独占合格者名额的局面结束了。

要是没有这个体制，南方就会压倒北方——为了说明这个情况，桑原统计了整个明朝产生的与分配制度无关的会元（会试第一名）与殿试（由皇帝主持的最后一轮考试）前三名的

---

⑯ 关于南北卷制度改革的背景，可以参考檀上宽「明代科举改革の政治的背景——南北卷の創設をめぐって」，初次出版于1986年，收录于『明朝専制支配の史的構造』，东京：汲古书院，1995年。

籍贯与数量。结果是北方二十九名对南方二百零七名,偏倚显而易见。

南北卷制度,对必须得到北人支持的中央政权来说是一种理所当然的措施,而对南人来说却极其不公平。不过,也有不屈不挠的南人,他们钻空子,先是跨省跑到首都北京顺天府参加当地乡试,然后成功进入全国考试(《万历野获编》卷一四"京闱冒籍")。就好像我们的高中棒球男儿为了躲开竞争激烈的地区,专门到其他府县的高中去上学,只为最后能够获得甲子园出场资格一样。

人们对南人和北人的比较,并不限于学术的世界。在此之前,以鲁迅和林语堂为首,有很多人都对南北的不同气质进行过各种各样的论述。[17] 又比如,十五世纪末漂流到江南的朝鲜人崔溥,在被护送到北京的途中,对江南与华北进行了一番比较——他的经历非常罕见(迁都北京后,朝鲜的使节都是直接前往北京。与当时的日本人不同,他们只能通过书籍来了解江南)。他除了记下镜梳不离手的江南男子热爱穿戴打扮的风貌,也写了从人家鳞次栉比的江南北上后,华北风景之萧条给他留下的强烈印象。尤其是山东以北的肃杀气氛,让他感到胆战心惊,他也嗅到北京一带仍残存着夷狄(蒙古人)的气息。简而言之,南人中阴柔、华丽、具有艺术家气质,并且与政治保持距离的隐者型人物较多,与此相对,北人中的许多

---

[17] 有关南北比较的文集,近年有《北人与南人》(上下卷),北京:中国人事出版社,1997年。

人虽不解风雅,却在与游牧民的抗争中,锻炼出了刚健之风,且政治性比较强的人物较多。他的这些印象不知能不能算是当时南北人物各自的"最大公约数"。

另外,虽然这些评价没有将女性考虑进来,不过生活在南北朝时代后期的颜之推曾讲到:南方的女性有待在家里闭门不出、性格内向的倾向,而北方的女性则经常外出,闹官司的时候她们也会不管不顾地亲自出面(《颜氏家训》卷一"治家")。北方女人很"利害",自那之后也是公认的。

Cathay(契丹)和 Manji(蛮子)

南北的不同中,有被各自自然、风土所规定的部分,也有因历史原因而形成的部分。看到基于共同的文化,将广阔的土地整合为一个国家的中华世界,外面的人常常投来惊叹的目光,并试图探寻统一的奥秘。然而这种印象实际上只是由来于明、清帝国,我们也不能忽视之前存在的分裂时代。

比方说,北宋时代司马光编纂的《资治通鉴》的精简改编版——《资治通鉴纲目》的作者朱熹,就将《资治通鉴》涉及的1362年的历史分为"正统"(统一)时代和"无统"(分裂)时代。讲到中国史,统一与分裂是一个绕不过的大题目。朱熹以周、秦、汉、晋、隋、唐为正统,以其他时期为无统。而无统的时期,粗略算一下要占全部时长的五分之一。不过,分别继承了汉、晋血统而勉强算入正统的蜀、东晋的时代,实际上是处于三国、南北朝的分裂状态;唐朝也以安史之乱为分水岭,后半期处于藩镇割据的分裂状态。若不把前后汉的四百年也算进去，其实处于分裂的时期要来得更长。

之后，宋虽然完成了"天下统一"，但在那之前北方出现了巨大的辽帝国，其领土一直扩张到如今的北京一带。而击败辽国的金朝，更是将宋朝逼到南方，而自己占领了华北。这种情况可以说是南北朝时代的一种重现。

而后，元朝的统治虽然恢复了统一，但在元朝建国不久来到当地的马可·波罗，将北方和南方分别称为"Cathay"和"Manji"。犹如秦帝国的名字通过南海途径传播最终演变为"Cina"（支那），"Cathay"来源于对契丹的称呼 Cathay，是契丹人所建立的辽朝曾威震中亚的痕迹。"Manji"则是承袭北人对南人的称呼"蛮子"。过去的南北朝时代，南朝人曾被北方叫作"岛夷"，而他们则以"索虏"回敬。不过，进入统一王朝后，"蛮子"的叫法依然有人使用。

在思考南方的历史定位时，"蛮子"这一称呼极具代表意义。南方的历史，原本就是北人南下的历史。四世纪因胡人南下而被逼退到南方的众人建立了东晋政权；而在后来唐末的动荡时期，以及北宋灭亡之际，也有大量北人流入并定居南方，担任政权的核心。因此，虽说是南方的政权，最初的主角都毫无例外是北人；而每一代的南人一开始都处于附庸的地位。

南方的历史便是这般来自北方的断续殖民的历史。南人中有势力的门第，多称本家族是在某个动荡的时期从北方迁徙过来的。这一现象也反映了这一点。朝廷也同样，不管心里是怎么想的——像南宋把都城杭州叫作"行在"(临时的宫室,马可·波罗所说的"Quinsay"),表面上仍然会做出心系北方的样子。从中华的起源地看来,南方不过是个"开分店"的地方。蛮子这样的称呼,令人不得不联想起在以华北"中原"为中心展开的中国史中南方的边缘性。

把蒙古人赶回漠北的明朝人,肆无忌惮地管敌人叫"北虏"。而明朝又成功构筑了一个维持了超过两个半世纪的较为稳定的政权。另外,就像历史教科书上经常强调的那样,明朝是第一个起源于南方的统一王朝。此后,在十六世纪的繁荣局面之下,江南文化全面开花结果。

另一方面,借《马可·波罗游记》的威力,蛮子之名在西欧一直到十七世纪都还在被使用。比如,卫匡国依然称北方六省作"Qathay",称南方九省叫"Manji"。这一眼看起来,会让人觉得好像是搞错了时代。明代的南人对自己的文化有十足的自信,甚至已经到把北人当乡下人看待的地步。虽然明朝科举按照地区设定了名额分配,不过成绩优秀的人到底还是容易出人头地。渐渐地,政府要人也变成南人占上风。要是在这里东施效颦,学桑原列举一下明代中叶以后引领时代的政治家的话,可以列出以严嵩(江西)、徐阶(江苏)、张居正(湖北。属于明朝南卷中的湖广地区)为代表的几人,这么一看果然还是南人比较引人注目。

不过,他们掌握权力的舞台是在北京。诞生于江南的明朝,在迁都北京之后,虽仍在南京设有六部等行政部门,权力配置却压倒性地偏向了北京。考虑到当时东亚的政治形势,将权力重心设在可以威慑蒙古、中亚的北京可以说是合理的。

因朝贡而来访的中亚穆斯林,和马可·波罗一样,把北京叫作"Khanbaliq"(意思是大汗的城市)。对他们来说,不管是汉人的皇帝,还是蒙古人的大汗,都没多大区别。总而言之,这个名称代表着,辽朝时期形成的从北亚一直延伸到中亚的那个文明的枢纽上,一直存在着的这座城市。从东北亚史的框架来看,北京才占据着中心位置。这种政治与文化/经济的二元状况,造就了南北问题的复杂性。

中华的正嫡

从元朝之后一直到今天,中华世界的政治中心基本上都在北京。即便在元朝之前,将辽、金与南宋的国力相比较的话,也是北方更胜一筹。

不过,扭曲这些历史事实的,正是以《资治通鉴纲目》为首的"正统论"。三国时代的蜀在其中被列为正统,这件事广为人知,而正统论的意义不止于此。

本来《纲目》的原型《资治通鉴》,以"编年"的形式,分列了周、秦、汉、魏、晋、南朝、隋、唐、五代诸朝。对此,《纲目》将名分正当且统一的王朝视为"正统",除此之外的时代都视作"无统"。南朝与五代由于是分裂时代被归类到了"无统"里面。"正统"与"无统"的不同,通过将年号分别以"大书"(和正文文字相同大小)与"分注"(分写在两行里,每行是正文的一半宽度)书写来体现。

这里需要注意的是，在被五胡驱逐而南迁的南朝之中，因东晋继承了统一王朝的血脉，所以朱熹将其列入"正统"，除此之外的其他政权都被视作"无统"，并没有要偏袒南方。

不过，正统的问题同样存在于《通鉴》之后的时代，也由此会产生这样一个问题：如何看待朱熹所生活的南宋之后的分裂期。如果朱熹要编《纲目》的续编，那南宋应该会和东晋做同样处理。南宋因为继承了统一王朝——宋朝的血脉，而能够成为"正统"。实际上，明朝敕修的续编（《续资治通鉴纲目》），确实以宋为正统，而将关于北方的辽、金的记载放在了附录。然而，按照朱熹定下的原则来看的话，南宋只能算是"延长线上的正统"，地位没有更高也没有更低。而正统论的继承者们则进一步对"华夷之辨"进行了强调。在后朱熹时代，正统论的意义开始发生变化。

蒙古人的元朝恢复了一统。元朝在准备修正史的阶段，关于应该如何把握辽、金、宋的关系曾经有过讨论，但至少对当时的元王朝的"正统"性并未有人能公然提出异议。即便照着朱熹的思路，要说灭了南宋之后的元朝即是堂堂"正统"，也是无可厚非的。

不过到了成功复兴了汉族王朝的明代，"正统"问题与"华夷之辨"逐渐交织在了一起。虽然明朝编纂的《续纲目》将元朝列入正统，但在南人编写的编年史书中，存在将宋明直接相连，而将元从正统中排除出去的例子。虽然这显得有些荒唐，但我们也不能将这些情况一概划分为顽固主义者的极端言论。

十四、十五世纪之交发生的靖难之变,可以说是政治上表现出来的明朝内部的南北对立。靖难之变的核心,简而言之,是接替洪武帝(朱元璋)的来自南方的建文帝,为北方的燕王所灭。胜出的燕王——永乐帝试图抹杀建文帝时期的历史,体现在官方上是将建文年间视作"不存在"。不过在十六世纪末,旨在恢复建文帝的名誉以及承认其在位事实的运动,则由南人推动起来。这里的活动,可以理解为一种南方的自我主张。明中期以后的江南,随着在文化方面压倒北方,也开始试图夺取历史方面的"正嫡"地位。不过清朝对江南的镇压,又使事情发生波折。

清朝对江南的镇压与蒙古人对南宋的征服,有一些相通的地方。事实上,这段历史屡屡重复。这是"夷狄"的统治,与对其的抵抗。只是,为宋殉国的《正气歌》作者文天祥在我国为人所熟知,然而我们很难在明末找到像他这样的悲剧英雄。不过,要说抵抗的激烈程度,明末是压倒性的高。

在这个事情上,占领方的政策问题,尤其是对辫发的拒绝反应起了很重要的作用。"头可断,发不可剃",下定决心的江南潇洒男子们的抵抗尤为激烈。

然而事情不止如此。明末,江南因累积起来的文化资本而产生的自傲,令抵抗变得大规模化且又顽强。同样是被强制剃发,华北并未发生江南那般激烈的抵抗运动。发生在江南的激烈抵抗,也是南人文化、政治上自我意识的一种体现。虽然恢复和平后,辫发也被理所当然地接受了。但这次并未出现像元朝统治下的南人那样积极引进胡俗（如积极留蒙古式辫发，或是起蒙古名）的风潮。

另一方面，清朝政府并未放松警惕。镇压发生后一百多年后的乾隆朝的禁书行动，可以说是一种后遗症（以含有对满人的蔑称的表现的明末书籍为主要对象，比如称满人为"虏"，将努尔哈赤写作"奴酋"等等）。其实这个阶段，南方已经几乎没有抵抗的苗头了。即便如此，清朝仍对南方的无形力量产生着过度反应，实行了一些甚至可以说是有点喜剧感的文化管制。

与清朝统治的动摇、鸦片战争的败北同一时期，关于明末反抗的记录再次出现在人们的视野里。当然，这个时候是作为抵抗异族统治的先例而被拿来参考的。这些动向在近代史上的意义不可否认，但同样还有一个不可否认的事实：在这个过程中，"夷狄"对中国史的参与和贡献也逐渐被轻视。可以说，这是一种扭曲了的正统论的复活，在如今人们思考中国史的南北问题时，仍是一块绊脚石。

本书的构成

本书的目标，是一边思索这些中国史上的南北问题，一边重新审视江南文化逐渐占据优势的过程——而并不是去反刍已是完成态的江南文化的魅力。若是那种书籍，努力学习、领会清朝士大夫文化的先人们已经写过了。本书无论怎么做，也不可能与亲身感受过旧中国，或是相信自己感受到了的人的作品相匹敌。至少可以说,笔者身处和江南文化的"文雅"无缘的世界,将个中滋味传递给读者是笔者能力之外的事。

本书所涉及的时代,主要是南方文化发迹的南宋到明末。地域上,除了作为中心的苏州一带,也会将一部分注意力放在狭义江南之外的福建地区。关于苏州在研究中国文化、江南文化时的重要地位,已在前面讲过。

与同时也是经济中枢的长江下游不同,福建的土地生产力较低,与政治中心的距离更为遥远。福建过去虽曾拥有广受瞩目的世界最大港口泉州,又因海外贸易而繁荣,但如今只能步上海与广东的后尘。

不过,这片土地曾在南宋时代诞生了朱子学,也在科举中产生了不少精英。之后,又在明代成了倭寇的产地之一,是一片善于接受外界新风气的地方。与贫穷共生的企业精神是福建活力的源泉。而福建对宋明之间的文化做出的贡献尤为重大。本书将福建与江南的核心区域作比较的原因也正是在此。

第一章主要讲书画古董。对鉴定一窍不通的笔者厚着脸皮从这一块开始讲起,是想和大家一起探寻:是怎样的历史条件,使被称为中国艺术理论集大成者的董其昌的出现成为可能。董其昌的家乡松江和邻近的苏州,在明末的文化界异常活跃。不过,他们意气风发的声音能够跨出小圈子响彻天下,是因为已经具备了一些基础条件。

第二章讨论朱子学普及的问题。不过,就像确定了近世*学术史的叙述基本线的黄宗羲(1601—1695年)所著《宋元学案》《明儒学案》一样,本章并不会追溯学派的系统树,也不会去追寻朱子学传播到全国的过程。倒不如说笔者是想和大家一起来探讨一下,作为传播的先决条件的书籍、出版,和科举之间的关联。具体上,这章会以朱熹晚年生活的福建建阳与他的祖籍所在地新安这两者为中心,聚焦在朱子学普及方面做出很大贡献的元代儒者的活动。

在第三章中,笔者试图厘清产生于北方的《资治通鉴》如何经由南人的加工,最终形成"通鉴家族"的过程。这里,也有不少建阳人的参与。朱熹的《资治通鉴纲目》不仅对中国,对朝鲜、日本的历史认识也产生了很大的影响。不过,最终供应给广大读者的,并非仅凭他一己之力,而是经由众人之手加工完成的产品。其中建阳人起到了非常大的作用。另外,正统论的普及,也和通鉴家族的传播过程有很深的关系。

第四章则笔锋一转,探讨明中期倭寇的袭击对南人的影响。人们常常对南人怀有文弱的印象,不过以倭寇的出现为转机,南人中论兵之人不断涌现。把他们囫囵地归类为蹩脚的业余爱好者是很容易的,但笔者想要更深入地探讨一下,这段近世中国中相当少见的"文武交错"的时期所蕴含的意义。"倭寇"的出现,对一直没有"值得害怕的他者"的乡下人——南人来讲,具有重大意义。另外,提到江南,不少人还会有"隐

---

* 以内藤湖南为始的京都学派所认为的中国的近世,大致是从宋代到清代。——译者

者栖身之所"的印象,而这章也关注到一反这种印象的以健步著称的山人的动态。"行动起来的南人"是第四章的主题。

在第五章中,我们将会一起来看看南人如何应对"平酉"秀吉的出现、佛郎机(葡萄牙人)与红毛(荷兰人)的相继登场、"建夷"(女真)的发展等不断出现的外敌。十六世纪中叶倭寇进犯后的一段时期,南方虽然没有直接受到来自外敌的大型进攻,潜在的威胁却一直存在。成长于这个时代的南人,关于倭寇的体验会带给他们很大的影响。本章我们将会关注到沿海地区,尤其是福建地区是如何应对外界的,并追溯向北活动的南人的轨迹。

以上各章中所没能讲到的南人在各个领域的活动,将会集中到第六章中阐述。今日华侨之滥觞——东南亚移民的活动,在本书所涉及的时代就已经开始了。另外,本章也会讲到在官僚底下打下手的胥吏、南人在戏剧世界的活动等等,以再次确认南方文化的复合性。

桑原骘藏曾下过"南宋之后,中国文化的中心转移到了南中国"的论断。不过可以说,其实只是北方文化被移植到了南方。确实,南宋王朝下的人们或许曾自许肩负着文明的核心。但是,自我评价和来自他人的评价完全是两回事。从南方传出来的文化,普及到全国的路途实际上相当漫长。在本书中,笔者想和各位一同试着重走一遍这条路,尽管一路会遇到各种挫折。

第一章 兴趣市场

董其昌与陈继儒(《青林高会图》)
(*The Century of Tung Ch'i-ch'ang*)

江南主导的艺术

序章里提到,明代苏州、松江涌现了文徵明、董其昌这样的大文人。在书画艺术方面,江南逐渐拥有难以撼动的优势。而在南北二宗论中登场的多数画家都是南人(南北二宗不以南人/北人来区分派别。北宗中的权威画家很多也是南人),特别是被列于更高地位的南宗文人画的正脉全都是南人,其中又多苏州及其他太湖周边人士。

不过,这种名人谱系是明代中期之后在江南被编造出来的东西,董其昌和他身边的人则将其整理成艺术理论。而某种扭曲也因此产生。比如,在南北二宗论的谱系中,与南宋对峙的金朝的画家连名字都没被提起,元朝最具影响力的赵孟頫也被轻视。与此相对,元末四大家(黄公望、倪瓒、王蒙、吴镇)的存在则被加以强调。今天,南北宗这种分类法本身被重新加以严格审视,其中的杜撰成分也因此被揭露了出来。不过其理论背景中存在的对江南的偏重,则并没怎么被质疑。

另一方面,就算承认南方的名家们在艺术上的成就确实达到了相当的高度,也有必要探明他们是如何逐渐名扬天下的。他们作品的价值或知名度的上升,与艺术市场中的流通问题密不可分。以他们为代表选手的江南"文人趣味"能够普及出去的背景里,其实存在着南宋以后江南盛行"目录""指南"文化这一情况。

本章将一面留意这些问题,一面试着探索整理从文人趣味形成的宋代,到董其昌登场的明末这段时期里,艺术史上有关南北问题的相关情报。

贫穷少年的梦

朱熹

  我曾因家贫而不能入手金石拓本。只能将欧阳先生集录的目录拿在手里,读着其中的解说来安慰自己的心灵。阅读那些文字时,有时会恍然感觉自己仿佛在亲手摩挲实物,亲眼看着那些文字。回过神来,又恨自己出身贫苦,且又在这偏远之地。*

  以上文字,出自大学者朱熹(1130—1200年)的回忆文章(《朱文公文集》卷七五《家藏石刻序》)。他出生的时期,是宋王

---

* "予少好古金石文字。家贫不能有其书,独时时取欧阳子所集录,观其序跋辨证之辞,以为乐遇适意。时恍然若手摩挲其金石,而目了其文字也。既又怅然,自恨身贫贱苦处屏远。弗能尽致所欲得。"——译者

朝被女真族所建立的金朝逐出中原南迁的不久之后。到了宋代,收集青铜器的金文和石刻的拓本作为历史考证辅助工具的金石学开始盛行。欧阳修(1007—1072 年)所著《集古录》,成为这门新型学问的里程碑。同时,收集拓本也成为一种兴趣爱好。

对于一个十四岁丧父而手头拮据的少年来说,目录便是他前往金石世界的航行指南,同时也勾起了他亲手接触实物的愿望。

朱熹出生前,曾有一对住在开封的年轻夫妇,喜欢跑去相国寺的集市,搜罗各种碑文的拓本,有时甚至会为了买书而当掉衣物。后来丈夫就任官职,家里经济也宽裕了起来,两人便开始张罗能收藏所收集到的书籍和美术品的仓库,却对衣食上的讲究毫无兴趣。这是一则夫妇携手在"为物而狂"的路上疾奔的故事。

不过,在外出到山东时,两人接到了首都陷落的消息(1126 年)。就算留在那里的收藏品只能作罢,手头的东西总归要想办法保护起来,然而这种想法成了很大的负担。尽管已经努力一点点泪别了手边的珍藏,两人最后还是拉着十五车行李逃往南方。

被重建后的南宋政府召去湖州赴任的丈夫,被船中的妻子问道:"城里出状况的话,怎么办?"他命令道:"不得已,古器也要留到最后舍弃。唯有宗器,要与之共存亡。"便策马离去。*不久

---

* "呼曰:'如传闻城中缓急,奈何?'戟手遥应曰:'从众。必不得已,先弃辎重,次衣被,次书册卷轴,次古器,独所谓宗器者,可自负抱,与身俱存亡,勿忘之。'遂驰马去。"(《金石录后序》)——译者

之后丈夫因急病倒下,妻子赶到时他已病入膏肓。

金兵渡过长江,妻子在逃亡途中,带着的剩下的两万卷书、两千卷金石刻也散失大半。一天,她注意到昔日和丈夫一起整理的收藏品目录,仿佛为了填补失落感一般,她就此开始埋头于整理遗稿。

将丈夫赵明诚(1081—1129年)的《金石录》遗稿整理出来的妻子李清照写下的关于自己艰辛历程的后序,某种意义上比正文更有名。夫妇俩的爱情自不必说,其中所包含的南宋人"失去与恢复"的主题更是为这件事增添了人气。不过,要是给这段美谈加上一些多余的注解——我们可以注意到,这里的丈夫是宰相的儿子。因此至少南渡前的两人,很难说是平凡又清贫的夫妇。

朱熹对《金石录》给予了高度评价,将其与《集古录》并列为宋代金石学的双璧。他这代宋朝南迁后的年轻人,不得不以积蓄大量散失的状态作为起点——如上面讲到的李清照夫妻的遭遇那般——开始自己的研究。不过他们对拓本的收集热情依然不减。这个阶段的拓本研究,不论相关人士各自有什么想法,他们的行为对文化的保存、重建都是有意义的。

兰亭热

朱熹写下上面提到的文章时是二十七岁,虽然无法和欧阳修、赵明诚那样数量庞大的收藏相提并论,但他手里也有数十种拓本,也算有一点收藏家的架子了。而朱熹的同好中,有一位叫王厚之(1131—1204年)的人物,他以是"兰亭"的权威著称。

《兰亭序》三百二十四字,是对和宋朝一样受北方民族驱逐而南迁的东晋王朝的永和九年(353年),在浙江会稽举办的一场雅宴的记录,由"书圣"王羲之所书。艺坛中如此大牌的南人,在他之后一直要到元代的赵孟頫,中间再没有出现过。不过王羲之也是北方移民的第二代,很难说是地道的南人。

"兰亭"后来传给了王羲之的七世孙智永禅师,又传给了他的弟子辩才。据说,将这幅传世名作作为南朝文化的象征而酷爱着它的唐太宗,从辩才手里把它给骗了过去。不过关于此事众说纷纭,真假未明。总之,太宗对"兰亭"的执着非比寻常,把它带进了墓里,对于这点,各种说法基本一致。

然而戏剧化的展开才刚刚开始。[①] 虽然真迹从地面上消失了,但太宗生前曾让宫中的写手们各自摹写了数本,下赐给皇族与近臣。这些摹本又进一步被临摹而流入民间,不过"最忠实于原本的摹写"被刻在石头上留在了禁中——而这块石碑则命运多舛。

唐朝灭亡后,北方产生的五代政权以目不暇接的速度进行着交替,而在这个时期发生了令人震惊的契丹人占领首都开封事件(946年)。不习惯中原风土的契丹军队没多久就撤回去了,但同时也运走了宫中的珍藏。刻着"兰亭"的石碑也

---

① 参考启功《〈兰亭帖〉考》,《启功丛稿(论文卷)》,北京:中华书局,1999年。

被放上了运货的车辆,但被丢弃在途中。

在宋庆历年间(1041—1048年),石碑被人发现。石碑虽被收押到官库,但没过多久,听到消息来采拓本的人便蜂拥而至。不胜其烦的官员薛向便翻刻了石碑,用来应付来访者。其子薛绍彭更是把翻刻石碑放进官库,而将原石据为己有。他甚至故意刮掉了其中一部分的字,造成了"五字损本"这个新版本。其后,真品虽然还给了宫中,但这次又因金占领了开封,石碑在兵荒马乱之中再一次不见了踪影。

以此碑所拓的"定武本"为中心,兰亭热随着世代交替而逐渐升温。与朱熹同时代的忧国诗人陆游(1125—1209年)也留下了不少关于兰亭的评论;其甥桑世昌则通过王厚之的藏品锻炼了眼力,将自己的成果汇于《兰亭博议》一书;下一代的俞松又编有《兰亭续考》。通过两本书中收录的兰亭各版本前宋人加上的"我也来说一句"式的跋文,我们可以看到每个人都是想说什么就说什么,编者也没有想要整理各种错综复杂的议论的意思。而本来也没有整理的必要:大家的叽叽呱呱畅所欲言自有意义。

众所周知,宋代是中国史上印刷术取得长足进步、书籍大量流通的时代。而被大量复制的不只是书籍,还有拓本。不过翻刻的过程并非那么简单。首先要从石刻上取墨拓,然后再基于墨拓去雕刻新石。这个过程中,因工匠的手法、习惯等原因,雕刻中会产生"肥瘦"之差。若是参照对象本来就是摹本或临本的翻刻,这种误差就会更加明显。

《兰亭序》临本的末尾处(《兰亭墨迹汇编》,北京故宫博物院藏)
董其昌鉴定为虞世南之作

兰亭爱好者们的世界观得以成立,不仅得靠各种复制品添砖加瓦,更有"石碑没了""又找到了"这种桥段的助力。而在他们的世界君临顶峰的,则是原作或是接近原作的作品。不过,与重视原本而有轻视翻刻倾向的书籍世界不同,书法作品的不同拓本尽管也被排名分级,但各拓本自有各自独特的价值。"复制品的复制品也有一种难以割舍的味道",在远离享有特权的大收藏家的偏远小镇,若有一个爱好者这么喃喃自语,恐怕谁也没法对他责难什么。虽然他们也不是不在意大收藏家的指南。

文化重建

为了弄清兰亭狂想曲在此刻被奏响的背景,需要将南宋王朝所处的状况也纳入考虑。有这么一则逸话:与名将岳飞等一同负责南宋初期的军事,同时又以擅长书法闻名的韩世忠,曾以为自己入手了兰亭的真迹,当他兴高采烈地将其献给高宗后,才知道,原来是皇后的临作(《后村先生大全集》卷一〇三"墨林方氏帖·高宗恭翰临兰亭")。对于这种略显冒失的表忠诚轶事,我们当然不能只把它当作笑话来理解。

高宗是中国屈指可数的艺术家皇帝——徽宗之子,他自己也是书法名家。他在杭州安顿下来以后,仿佛是为了补填被女真人绑到北方的父亲,以及书画收藏的失落所带来的空缺一般,热情高涨地推动着艺术品创作和收集。韩世忠献上兰亭,也是一种呼应这种动向的行为。

虽说徽宗在流放地凄凉地度过了余生,但他治国的时期是中国宫廷文化的一大高峰。由皇帝设立的书画学(美术学院),与极有存在感的宫中藏品目录《宣和画谱》《宣和书谱》是其象征之一。徽宗时代宫廷文化的明星、作为博士被招进书画学的米芾(1051—1107年)在其著作《画史》《书史》中,把收藏者分为"赏鉴家"与"好事家"。当时,要是把书画拿去修补、装裱,可能会遭遇店里偷偷把跋文切下,换成伪造品,然后将真品的题跋贴在赝作上当作商品再卖出去这样的诈骗行为。这种行为风行一时,甚至收藏家自己也会参与进去。看不破这些伎俩，没有判断美术品自身价值的眼力的人就是"好事家"。

米芾一面嘲笑这些好事家，一面试图在书中向读者展示拥有不受他人左右的审美力的"赏鉴家"的高度。另外，米芾能睥睨好事家的条件之一，是当时存在着相当数量的好事家。兰亭定武本出现在这个时期绝非偶然。

不过，这个阶段中来自宫廷的影响也不可小觑。你看，定武石最后不也还是被收进了宫里。

金兵占领开封后，这样的等级制度就被瓦解了。宫中秘府的宝物被金人全部拿走。南迁的高宗朝廷拼命想要填补由此带来的空缺，后来在和金朝交易时也买回了一部分旧藏。而努力的结果，是内府的收藏量据说恢复到了不逊于徽宗时代（《齐东野语》卷六"绍兴御府书画式"），这应该是有点夸张的。不过，高宗致力于收集这一点，并不只是从父亲那里继承了爱好，而还有恢复国家威信的成分在里面。

也有一些难以挽回的东西。徽宗被绑架到北方后再也没能回来，定武石也下落不明。"北方"被掠去这件事，在各种意义上给南宋人造成了心灵的创伤。而一直呼喊要收复北方领土的陆游以及朱熹对兰亭抱有的关心与此不无关系：王羲之也是一位对失去"北方"一事抱有遗恨的人物。

然而，即便徽宗能回归宋土，新朝廷依旧会很为难。正是定武石的失踪推动了兰亭热。可以说，缺失绝对中心的归零状态，才最适合用来描述南宋的文化状况。

南宋朝廷躲过了金兵的攻击，最终定居杭州。新都吸收着北方来的官吏、部队，成长为一个百万人级的城市。② 而杭州的人口不仅在当时的中国，在当时的世界上都是最多的，绚烂的都市文化也自此展开。

不过，要是讲到南宋留给后世的文化遗产，至少在精英文化这一块，并没有什么特别值得一提的。只剩半边引擎的宫廷文化没能重获北宋鼎盛时的辉煌，而终归只是一种缩小再生产。

目录/指南文化

南宋中期，赵希鹄的《洞天清禄集》问世。这本书，以在明窗净几之前，与"清修好古尘外之客"讲话的形式展开，但细看会发现其内容相当实际。书中一面介绍书画、怪石、砚、琴、青铜器等等物件的鉴赏要领，一面不时发出"别上赝品的当"这样的警告。与米芾《画史》和《书史》主要披露藏家之间的内幕，并没有详细写下"如何鉴别东西"相比，这本书可以说是一个相当亲切的指路人了。

而赝品并不仅限于书画。以产名砚闻名的端溪在当时已经是个品牌了，但早在南唐时期（937—975年）旧坑就已经被采尽，即便开掘了新坑也无法完全满足市场需求。于是当地人心生一计，跑到与北方相隔甚远的湖南辰州、沅州买石材带

---

② 参考ジャック・ジェルネ著，栗本一男译『中国近世の百万都市——モンゴル襲来前夜の杭州』，东京：平凡社，1990年（原著刊于1959年）。

回来,仿制成"端溪"砚进行高价贩售——这成功骗过了士大夫的眼睛("古砚辨")。书中也对用作庭园假山的太湖石的仿制方法进行了解说:先对石头进行人工雕刻,然后放在急流处冲刷,再以烟熏仿古,这就完成了("怪石辨")。

而影响力没有米芾那么大的作者所写的书,我们很难知道当时到底有多少人读到过。不过,曾被青木正儿评为"宣告了士大夫情趣生活的确立"的《洞天清禄集》,对后世的影响力可以说是不会小的。[3] 至少该书回应了一些想要前往世外桃源的通行证的俗人的需求,而这类指南书并非孤立的存在。

在兴趣的世界里,有以《○○谱》为名的目录(有专讲端溪砚的,有讲茶、酒等嗜好品的,也有讲菊、芍药、海棠等花卉类的等等,多种多样),这样的目录从北宋中期开始被大量编写出来。

到了南宋时代,涉及士大夫生活各种方面的指南书更是层出不穷。以成为精英为目标的年轻人必须要通过的最大一关,是科举。而要把经书完全背下来只能靠记忆力。但作诗赋文章则需要通过参考书来学习,各种参考书就在这个时期被应需编写了出来。

科举合格成功进入官界,则不得不去弄明白各种交际礼仪和规矩,这时作为一名官僚所需的经验、守则便显得有必要起来。而关于隐退后的生活,也有同样的需求。记录名人言

---

[3] 青木正兒:「文房趣味」,初次出版于1956年,收录于『琴棊書画』,東京:平凡社東洋文庫,1990年。

行的《名臣言行录》、记录断案事例的《名公书判清明集》……冠以"名臣""名公""名贤"名字的书籍在南宋时代大量出版。由此可见当时对"名人榜样"的需求之大。

一般认为从凭血统和传承说话的贵族社会,到学识可以成为力量的士大夫社会的转换始于唐代;而后经历了五代的混乱期,最终在宋代完成。这种看法大体正确,不过北宋时代依然残存着贵族社会的余韵。北宋的灭亡才使之彻底灰飞烟灭。目录/指南文化的形成如实地反映了这个情况。狭窄圈子里由不成文的规矩确立的贵族式的生活方式,被相当程度地稀释后,开放给了更为广大的群体。

南宋的精英文化,如前所述是北宋的缩小再生产。南宋或许确实没有值得一提的新创造。不过,这个时期形成的目录/指南文化的确成了后世文人趣味的原型。在这之后,以明初的《格古要论》为首的兴趣指南书,和收录了古今名笔的法帖(字帖),几乎都诞生于南方。另一方面,在时而会出现个别拥有杰出才能的人的北方,这种目录文化的倾向则显得较弱。这是南北之间一处较大的差异。

南北的艺术

下面,我们来看一看同时代北方的艺术。女真人占据华北后,不久便将首都移至中都(现在的北京),逐渐受到汉文化的影响。其中,章宗(1189—1208年在位)对中国文化的醉心尤为有名。他很擅长书法,有"小徽宗"的外号。盖有带章宗年号"明昌"字样的印章（假货很多）的作品群留存至今。它们说明着章宗收藏品的文化地位。④

认为章宗时代的宫廷文化只体现了女真族的汉化程度，这种看法是片面的：我们不能忽视它作为北宋文化继承者的一面。北宋的后继者，不只有南宋宫廷。甚至可以说，北方的宫廷文化绝不输于南方。被章宗召入馆阁的王庭筠（1156—1202年）以"诗书画三绝"著称，他对之后的元朝也产生了巨大的影响。与留下大量文献资料的南宋相比，可用来查明金朝文化状况的相关资料非常有限，因而金朝的形势看起来没有那么好。不过像王庭筠这种程度的文人，在南宋是找不到的。

文化方面并没有一般所想象的那么"南高北低"，在元朝的统治之下恢复统一时的情况也体现出这一点。在南北实现了久违的交流后，朱子学便由南向北普及开来，这件事广为人知；不过在艺术方面，反过来是与北方的交流大大地激发了江南的活力。⑤ 只是这个情况一直以来没怎么被人注意罢了。

时隔多年，元朝终于恢复了统一状态，南北文化也产生了交流、融合。其中享有最高地位的是生于太湖南岸湖州的南宋宗室之后赵孟頫（1254—1322年）。他在绘画方面，与西域

---

④ 参考外山军治『金朝史研究』，京都：东洋史研究会，1964年，附录五「章宗収蔵の書画」。

⑤ M. W. Fu, "The Impact of the Re-unification: Northern Elements in the Life and Art of Hsien-yu Shu (1257? ~1302) and Their Relation to Early Yuan Literati Culture", in *China under Mongol Rule*, edited by J. D. Langlois, Jr., Princeton U. P., 1981.

色目人之后高克恭（1248—1310年）被视为双璧，他的书体被称为"赵体"，直至明代也有很大影响。

赵孟頫应元朝收揽人心的文化政策而北上，数次为大都（现在的北京）宫廷效力。因此，他受到了后世的种种非议。为宋朝守节殉国的忠臣、拒绝效力于新王朝的"遗民"知识分子明明有那么多，他作为宗室之人竟然向异族屈膝，简直岂有此理，大概是这种理论。

不过正因北上，他才能在文化史中占有如此特殊的地位。因为能够接触被蒙古政权接收的金朝和南宋的收藏品，又能吸收以独特方式继承了北宋文化的旧金朝的文化成果，他对旧南宋艺术的批判、复古等等的主张才具备说服力。也正因为与政权的接近，他才能够博得如此声名。

不过在明中叶以后，他在江南的声价开始贬值。取而代之显露头角的，是后辈的黄公望（1269—1354年）、倪瓒（1301—1374年）、王蒙（？—1385年）、吴镇（1280—1354年）这南方"四大家"。他们在中国绘画史上产生的影响是确确实实的。但是难以否认，他们的一部分人气，来自和赵孟頫相反的理由，也就是与权力保持距离的姿态。四人之中虽也有一时出仕的，但并没有与当局走得很近的；这一点对他们的名声有正面影响。

当时，有苏州的经济繁荣作为背景，以昆山顾瑛（1310—1369年）等人为中心的沙龙文化也繁盛起来。而作为上面讲到的"四大家"能够活跃起来的背景，这种都市文化的存在不容忽视。不过，后世盛传的文坛佳话当时也不过是一些本地的事情。他们的影响力并未越过江南地区。在当时,就是把四个人加起来,也是没法和赵孟頫的盛名较量的。

掌权者与苏州人

苏州文化真正开始占据重要地位,要到明朝中期。十五、十六世纪之交,沈周(1427—1509 年)、祝允明(1460—1526 年)、文徵明(1470—1559 年)、唐寅(1470—1523 年)这些名垂后世的文化人不断涌现。这四人的共同点,在于都是在野的文化人,唯一有过做官经验的文徵明虽然在五十四岁时进京,但只三年便辞官归乡。

他们的存在,成了在城市里作为隐者生活的"市隐"的象征,流传下来。在中国,不染世间尘芥的活法被人赞赏,甚至人们对隐者的类型都进行了分类。不是只有不去担任政府的职位,在山中结庵而居的乖僻男人才叫隐者。中国的士大夫本来就把经世济民当作自身的任务,因此他们之中存在认为身处尘世却活得清心寡欲(隐于"朝市"被叫作"朝隐")是最好的姿态的看法。不过,不论是"朝隐"还是完全不问世事的隐者,世间对他们都有很高的道德要求。与此相对,在明代都市文化的极盛之中,稀释了道德要求的市民隐者便登场了。[6] 沈周和文徵明等人,便是这种市隐的象征性存在。

---

[6] 关于隐者在历史上的发展,可以参考茂木信之「文人と隠逸」,收录于荒井健编『中華文人の生活』,东京:平凡社,1994 年。

尤其是"吴门（苏州）派"领袖文徵明的画，被认为成功地和过去与宫廷有联系的职业画家划清了界限，在文人画的历史上有一定的地位。与此同时我们也需要注意到，他因代表着苏州文化的在野党气质而受到了后世瞩目。

不过，看起来与政治保持距离的他，也曾去北京做过一次官，也遇到过一些不得不与当权者扯上关系的情况。

唐代名书法家怀素的草书作品《自叙帖》，如今收藏在台北故宫博物院。这幅作品在苏州收藏家陆完（1458—1526年）死后，转入了文徵明手中。新安（徽州地区）的收藏家詹景凤（1528—1602年）所著《东图玄览编》中，介绍了如下流转过程（卷一）。

严嵩（1480—1566年）的跟班罗龙文，最早盯上了文徵明入手的名作。严嵩不仅深得嘉靖帝信任，以内阁大学士（明代宰相级别的官位）的身份垄断了嘉靖在位后半期的政局，也是当时一流的文人。罗龙文则是他搜集艺术品时的参谋。

罗文龙是新安人。新安自古以来就以制墨闻名，罗文龙则为新安墨业的复兴点了一把火。据说他是个大财主，又精于鉴定古物。能与严嵩接近，很大程度是因为同乡胡宗宪（后述）的引荐（《万历野获编》卷一八"剧贼遁免"）。

他想要把《自叙帖》献给主子，于是请中间人商量价钱。讲到一千两银子的时候终于成交，文徵明又给了两位中间人一百两当作谢礼。十多年后，詹景凤在南京遇见同好，聊到《自叙帖》的事，对方答道："不值一提的，是件赝品。"问其缘故，对方便讲起了过去的事情：

我从文家把字借出来，拜托文寿承双钩（在作品上覆薄纸，描出文字轮廓）、填朱、上石。我笑道："跋（宋人之后给书画作品写跋文的情况增加）是真品，不过字的部分是赝品。明明如此，却还那么花功夫去描下来刻到石头上。"寿承就生气了，说："真伪跟你有什么关系？我就赚个二十两的辛苦费。"

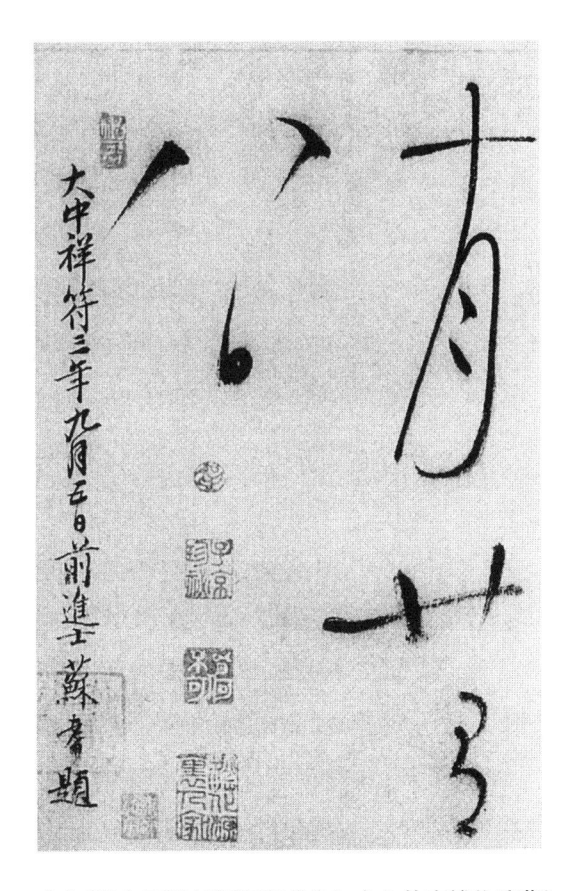

《自叙帖》和题跋（《怀素草书集》，台北故宫博物院藏）
"子京（项元汴）珍密"之印

在当时的苏州,把真品的跋文割下来贴到赝品上,然后将真品留在手边,再把赝品高价卖出去的手法相当风行。被说破后火冒三丈的文寿承(徵明之子,名彭)自不必说,其父文徵明自然也知道给人家的不是真货。⑦

大文人父子算计宰相又在背地里嘲笑人家,是这则故事的重点,而这则故事的背后还潜藏着苏州与权力围绕着文化的纠葛。

关于著名的《清明上河图》,据说苏州人和严嵩之间也有过小纠纷。这幅画,是南宋(一说金人)画家张择端回忆曾经的首都开封的繁盛景象而绘,是城市风俗画中的杰作,后世有很多摹本,现在也有好几份被收藏在各地。⑧ 而在当时,拥有它的苏州人是大官家的公子,并不缺钱。所以当严嵩的门客,点拨与其有来往的官员王忬买下这幅画献给严嵩的时候,画主并不肯放手。然后王忬就请苏州的画工摹写了原本,把它当作真品献了上去,严嵩一时大悦。不过嫉恨王忬的人把画是赝品的事情曝光了出来,严嵩之子严世蕃大怒,这成了日后王忬被害死的导火索(《万历野获编》补遗卷二"伪画致祸")。这则故事,细节处存在不同的几个版木。另外还有一则传说,表面上不是讲骗人的事:《后赤壁赋图卷》(南宋宗室画家赵伯骕以苏轼名篇为意象所绘画作)就要被收上去献给严嵩的时候,文徵明宽慰踌躇不定的同是苏州人的画作持有人,让他把

---

⑦ 参考启功《论怀素〈自叙帖〉墨迹本与宋刻本》(收录于第一章注1书籍中)。
⑧ 参考刘渊临《清明上河图之综合研究》,台北:艺文印书馆,1969年。

画交上去,然后自己又帮他重新仿画了一份(《故宫书画录》卷四)。*

这些事情是真是假也未可知。不过,我们应该注意到它们在表现"权倾一时的人物试图掠夺苏州的文化财富"这一内容上的共同点。虽然这些故事都暗示着苏州在文化上的积累已经引起了各方注目,不过资产目录的内容里并不是没有水分。人们对这些话题开始变得喜闻乐见的原因,是美术市场中增加的复制品。

文人画与市场

十五世纪末的苏州,不少赝作通过绘画作坊被大量生产了出来。沈周的新作上午刚出来,下午山寨就出现了,几天后就有十几幅在不同地方流转(《佩文斋书画谱》卷九○"记石田先生画")。由于仿品实在画得太好,这次鉴定的基准改成了印章,于是又有伪印被制作了出来。最后只好根据写在画上的诗的字体来判断,结果连这都有模仿者。沈周干脆自己慷慨地也给伪画题诗,变成了这么一个状况。不过,也有沈周老年时期,赴苏州任职的官员并不知道他的名字的说法(《四友斋丛说》卷一○)。由此可见,他的名气大概很长时间里仅限

---

* 台北故宫博物院藏文徵明《仿赵伯骕后赤壁图》有仲子嘉跋:"《后赤壁图》乃宋时画院中题,故赵伯骕、伯驹皆常写,而予皆及见之。若吴中所藏则伯骕本也。后有当道欲取以献时宰(严嵩),而主人吝与,先待诏语之曰:'岂可以此贾祸,吾当为重写,或能存其仿佛。'因为此卷。庶几焕若神明,复还旧观,岂特优孟之为孙叔敖而已哉!壬申九月。仲子嘉敬题。"——译者

于本地。

沈周自己也精力充沛地画了不少元画的仿作,而且据说技术是超一流的。虽说没有记录说明他自己染指赝品的制作,但当时的市场上确实充斥着各种元画的复制品。沈周自述道,元四大家中倪瓒的画因最具个性而最难摹写,又讲"云林(倪瓒的号)戏墨,江东(江南)之家以有无为清俗"(《石渠宝笈》卷八"松亭山色")。在当时,拥有倪瓒的画是一种地位的象征,不难想象其中包含不少赝作。

关于文徵明,他的同乡后辈王穉登(1535—1612年)*曾讲到他的作品"寸图才出,千临百摹"(《吴郡丹青志》),据说在他后半生的四十年里,周围的人靠他的伪作都可以吃饭(《弇山先生四部稿》卷八三"文先生传")。

可见,同是文人画,元末四大家的时代和明代中期的状况其实相当不一样。在沙龙狭小的空间里打盹般的文人画,到了明代中期也成了文化商标,逐渐商品化。

严嵩垮台后,他放在故乡江西分宜的大量藏品被朝廷没收。接手他藏品的收藏家里,不得不提朱希忠(1516—1572年)、朱希孝(1518—1574年)兄弟。以外藩被迎进北京即位的嘉靖帝,他归乡途中所住的行宫发生了火灾(嘉靖十八年),这兄弟二人因救了皇帝而得到恩宠。从严嵩那里没收来的收藏品,当时被当作给武官的俸给比较分散地发放了出去,二人是其中受到最大恩惠的。而他们又再凭借雄厚的财力,最终

---

* 王穉登生于江阴,后移居苏州。——译者

形成了很大的收藏群。据说《自叙帖》在严嵩之后,转入"勋戚"之手(《容台别集》卷二),这里的"勋戚"恐怕就是指他们二人。二人相继离世后,收藏品重又流入市场。

这次接手的,是断行政治改革的铁腕宰相张居正(1525—1582年)。或许是被他气势汹汹的样子吓到,心怀"也给他混点假货进去"念头的商人都没敢靠近他;不过他的收集欲也是非同一般。有关徽宗所作《雪江归棹图》的桥段,可以比较好地说明这一点:此画被从朱氏放出来后,为苏州人王世懋*所购。后来张居正又看上了这张画,请求王世懋转让。当时,如果违抗他,就无法在政界立足。在同样情形下,很多书画都到了他的手里。不过王世懋相当倔强,把画一直留到了最后。张居正死后,他的大多数收藏品都因火灾而烧毁,到头来王世懋的坚持倒是拯救了一张名画(《汪氏珊瑚网》卷二七)。这件事的背后,存在着其兄王世贞与张居正的对抗关系。说"因火灾几乎全部化为灰烬"其实是夸张,实际上如《万历野获编》所述,恐怕张居正的大多数收藏品都被朝廷没收或者重新流入市场了(卷二六"好事家")。

就像上面讲到的一样,明代中期以后的掌权者们尽管努力收集艺术品,然而他们的独占都不能长久,这些东西最后都归入宫中或没多久就流回市场了。市场倒因此获得了活力。而在这个时期,各种"名作"都重现世上。在当时的苏州,人们虽然对体现苏州在野党气质的各种传闻喜闻乐见,但另一方

---

* 王世贞、王世懋兄弟是前述王忬之子。——译者

面也存在着只为满足掌权者等人物的需求的市场。

明码标价

　　这样的风潮之下,有一种全新类型的收藏家登场了,来自南邻苏州的嘉兴府的项元汴(1525—1590年)是这类收藏家的代表。如今北京故宫博物院、台北故宫博物院所收藏的众多印有他印章的书画,说明了他收集能力之强。⑨《自叙帖》也曾是其藏品之一。项元汴的同乡、年轻时就孜孜于鉴赏古人墨迹的沈德符(1578—1642年)也评价项在"晋唐之墨迹"方面的收藏量在江南是首屈一指的,不过沈德符同样在书中讲到,其中大半是摹本(《万历野获编》卷二六"晋代唐小楷真迹")。如果前面詹景凤所说属实,那《自叙帖》大概也是这大半中的一分子。

　　而关于《自叙帖》还有后话。詹景凤在听到内部消息的二十多年后,也就是万历十四年(1586年)上京时,又听国子祭酒(国立大学校长)韩世能讲起了《自叙帖》的事情:"有人拿来了无跋的硬黄本(唐代经常使用硬黄纸)。纸很厚,看起来不错,恐怕是没法用来影摹(用薄纸罩在原本上描写)的。字与石本(拓本)分毫不差。"詹景凤明白那是真货,便问"现在在哪",只得到"找不到持有人了"的回答。如果詹景凤的感觉没出错,真正的《自叙帖》应该是下落不明的,回到项元汴手里的

---

⑨ 参考郑银淑《项元汴之书画收藏与艺术》,台北:文史哲出版社,1984年。

应该是假货;不过谁也不能保证前者一定是真的。

这则故事里出现的韩世能(1528—1598年)是苏州人。他常年在北京工作,便充分利用地利,积极进行收集活动,是张居正之后该界的一方之雄。能与韩世能并称,甚至过之的收藏家,正是项元汴。

项元汴通过与文徵明父子的密切交流,锻炼了鉴定的眼力。不过,同乡的后辈叹他"艺术品位相当不错,却经常讲到钱,所以只被世间当成好事家"(《味水轩日记》卷二)*,后世对他的评价也不怎么好。因为他不仅近乎执拗地往书画上盖收藏印,还会加上收藏编号,也不忘记写上购入价格或是估价。⑩ 就连《自叙帖》也被他摁上了六十几颗印章,还被记上了"千两"。

虽然项元汴字写得不错,但他不擅长诗文,也写不出灵妙的文句,这些因素降低了世间对他的评价。题跋虽然写得还行,但是印章和其中讲价钱的部分实在太显眼。顺便一提,项元汴估的价钱多是两位数,《自叙帖》的千两在其中是破格的存在。

在关于书画的记录中,讲到价钱的情况并不能说是少见。与项元汴同时代的苏州大文人王世贞也不时提及价钱。不过项元汴在这方面做得更彻底,这也和他有经营当铺的传闻相符。他的藏品里混了好些模本,恐怕不仅仅是"被宰了",而是已经算到账本里的事情。

---

* "此君艺事种种有味,以其挟多赀,故江湖间止传其收藏好事耳。"——译者
⑩ 参考古原宏伸「収集家の編号」,『淳化閣帖』第六卷月报,东京:二玄社,1984年。

项元汴的估价(《项元汴之书画收藏与艺术》,台北故宫博物院藏)
评王羲之的书法"值三百金"

不过他最特别的地方在于，和历代著名收藏家不同，他是个和政治权力无缘的人。虽然家里是进士辈出的名门，但他自己放弃了仕途而致力于理财。作为努力的结果而形成的财力，以及他自己的才干，一同筑成了如此规模的收藏。虽然按照米芾的标准，他应该没法被归入"赏鉴家"，且后世对他评价不高，但我们无法否认他作为收藏家的能力。将对书画的金钱上的评价挂在嘴边而恬不知耻的新型赏鉴家出现了。

南北往来

有一人出入于韩、项两大收藏家门下而积累到了经验，他就是董其昌。他的老家松江，在他之前已经出过莫如忠（1509—1589年）和何良俊（1506—1573年）这样重量级的文化人。前者是董其昌的塾师；其子延韩*更是算得上董其昌大哥的人物，也是早期绘画上的南北二宗论的提倡者之一。何良俊曾追忆松江在元代时文化上的繁荣，并为现在被苏州拉开差距而感到不甘（《四友斋丛说》卷一六），这里可以看出他对苏州有着强烈的对抗意识。董其昌也不例外，他把前辈陆深（1477—1544年）和莫如忠的字，遥遥排在苏州代表文徵明之上（《式古堂书画汇考》卷二八"法书名画册"）。不过，这种夸夸家乡好的行为，要等到他自己登上舞台才拥有了"名副其实"的实质。

---

* 即莫是龙。——译者

我在丁丑年(二十三岁)三月晦日的傍晚,点燃蜡烛试作山水画,从此越来越喜欢山水画。常去顾仲方(名正谊,也是上海地区的人)家里看古人的画,其中元末四大家,让我感觉赏心悦目,而我又专门师法黄公望的画,画了好几年终于有所成。当官后,我从长安(指北京)的好事家那里借画临仿,其中宋人真迹、马远、夏珪、李唐最多,元画寥寥。辛卯年(三十七岁)请告还乡后,我好好搜罗了吾乡所藏元末四大家的水墨画,久而久之觉得应该探究他们绘画的源流。发现一派以董源为师,但董源的画更加不可多得。我只入手了《溪山行旅图》,是沈周旧藏,而且这幅画他一再摹写,流传江南。而从"画史"(这里应该指《宣和画谱》或是《图画见闻志》)上考据,则有"董源的设色青绿山水,极像李思训"的看法。不过要是研究一下这幅画,会发现很难说他完全再现了董源的画法。丁酉年(四十三岁),我从江西任考官回来,从上海的潘允端那里入手了《龙宿郊民图》,自此才稍感称意。(《龙宿郊民图》跋文)*

---

* "余以丁丑年三月晦日之夕,燃烛试作山水画,自此日复好之。时往顾中舍仲方家,观古人画,若元季四大家,多所赏心,顾独师黄子久,凡数年而成。既解褐,于长安好事家借画临仿,惟宋人真迹、马、夏、李唐最多,元画寥寥也。辛卯请告还里,乃大搜吾家四家泼墨之作,久之谓当溯其源委。一以北苑为师,而北苑画益不可多得。得《溪山行旅》,是沈启南平生所藏,且曾临一再,流传江南者。而考之画史,北源设色青绿山水,绝类李师训。以所学《行旅图》,未尽北苑法。丁酉典试江右归,复得《龙秀郊民图》于上海潘光禄,自此稍称满志。已山居二十许年,北宋之迹,渐收一二十种,惟少李成、燕文贵。今入长安,又见一卷一帧。而箧中先有沈司马家黄子久贰十幅,自此观止矣。如君平之卜肆,下帘之后,止勿复卜矣。天启甲子九月晦日。思翁识。"——译者

以上，是天启四年（1624年）已经是德高望重的大家的董其昌的回忆。下面我们通过补充这篇文章的形式，来回顾一下他的绘画修行历程。

出入被认为是修得了黄公望画风的顾正谊门下的时候，董其昌还在为科举考试而努力。因为家里条件没那么好，他为了糊口一边也在当家庭教师，早于画画就开始练习的书法也在生活中派上了用场。传说，董其昌应人家的求字在信笺和扇面上写了几笔，董父看到很生气，当场把东西撕了让他专心学习（《陈眉公全集》卷三六"太子太保礼部尚书思白董公及元配诰封一品夫人龚氏合葬行状"）。不过向当时还没名气的他求字的人应该是没有的。恐怕他也染指了制作名人书法的赝作。

后来立场变了，成了大家后，他自己的作品也被大量仿制；不过他对此并不介意。无暇应酬的他，甚至自己请代笔来量产自己的作品；对于坊间流通的"董其昌作"，他也很大方，就把这些事当作别人帮忙推广自己的品牌。

万历十七年（1589年），三十五岁的董其昌通过科举，作为干部候补在翰林院接受训练。这时的教官正是韩世能。董其昌成天泡在老师的收藏品之中。虽然他说北京几乎只有宋画，但要是翻一翻韩世能的藏品目录（《南阳名画表》）就会知道，实际上是魏1%、晋1%、南北朝2%、唐32%、五代3%、宋20%、南宋19%、元16%的比例，时代最为接近的元画反而不多。他的收藏主要应该是在北京形成的，由此看来大概元画在当时的帝都不怎么受重视。

董其昌的真品(上)与赝品(下)
(*The Century of Tung Ch'i-ch'ang*,都藏于北京故宫博物院)

第一章　兴趣市场

　　董其昌在下一个阶段，开始动真格地在江南搜罗元末四大家的作品。与北京不同，当时的南方出现了元画潮。通过隆庆二年（1568年）王世贞的证言[《弇州山人四部稿》卷一三七《黄大痴（公望）江山胜览图跋》]我们可以了解到，当时元画的人气甚至超过了宋画。元画受欢迎的秘密之一，在于宋画较为容易被画匠摹写，而个性多样的元画相对来说很难模仿。不过，现实中元画的仿品依然应需而生，也曾被大量制作出来。

　　不久董其昌将元四家再向前追溯，一直追到了十世纪南唐的宫廷画家董源。不过在入手《龙宿郊民图》之前，最要紧的原画他只看过一幅。而且他看到的《溪山行旅图》，其实只是半幅画。而之后他在万历二十五年（1597年）秋天入手的《龙宿郊民图》、同年夏天入手的《潇湘图》，实际上也不是完全可靠的作品。

　　这时离元四大家的时代，已经过去了足足两个世纪。他们本人的作品不可能那么容易被找到。更不要说比他们还要早六百多年的董源，作品本身能留存下来已经是不可思议。而且他的作品要是一直都被人们看重的话倒还好，但其实并非如此。

　　古原宏伸曾指出，试图追溯四大家源流的董其昌，有很大嫌疑是自导自演了这场"重新发现"。⑪ 在董其昌的立场上，要把系谱图上董源和四大家之间的连线加粗，这是不可少的操作。

---

⑪ 古原宏伸：「董其昌における王維の観念」，『董其昌の書画』，东京：二玄社，1981年。

董其昌追溯名作系谱的执念不止于此。他在入手《龙宿郊民图》的两年前,也亲眼看到了被列为南宗之祖的王维的《江山雪霁图卷》。这幅画是成化年间(1465—1487年)在宦官家中的门闩中被人发现的,算是个有来头的东西,更有沈周写的跋文为其镀金。董其昌强调它是"王维的真髓",不过是真是摹都无所谓了。对他来说真正要紧的,是在那幅画里找到了他一直以来探求的皴法,配得上南宗之祖的技法——不,不如说"由他找到了",这个事实对他来说才是最重要的。

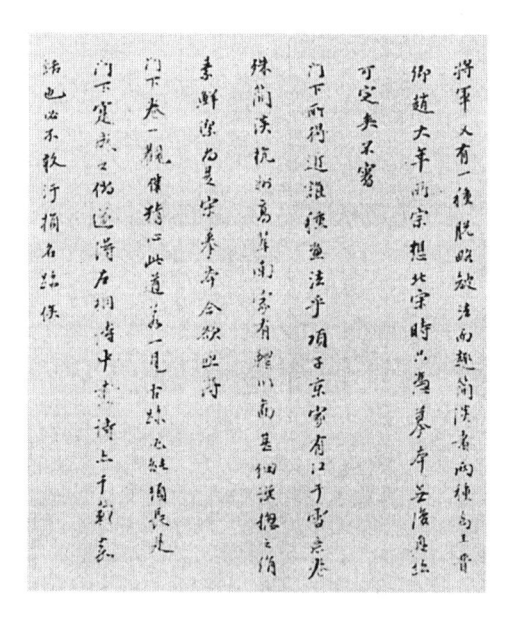

董其昌的手写信(《中国书法全集54 董其昌》)
请求借看王维的画

说到南北二宗论的首倡者,除了董其昌,还有莫廷韩和陈继儒作为候补。不过前者是董其昌同乡的前辈,后者是他同乡的好友——不论如何,这个理论最早期的传播都发生在董其昌身边。

产生这种理论的背景之一,是已经有了何良俊与王世贞所提倡的另一些绘画论。与早先的一些理论相比较,南北二宗论的新颖之处在于:并不是做"业余的文人画"与"专业的画工画"这样粗略的分类,而是从正面讨论技法问题。为了给自己的主张增添说服力,需要在看过的真品数量、对艺术市场的精通程度上不逊于人。而在对鉴定的执着与彻底性方面,当时能和他比肩的也就只有项元汴和詹景凤了。不过,前者对构筑理论没有表现出任何兴趣,后者虽然也提倡流派论,但分类方式上缺少董其昌那样的简洁明快。

作为商业交易场所的书画船

万历二十七年(1599年),因拒绝被调到地方而回到家乡之后,董其昌与北京逐渐疏远。不过他的步履依旧轻快——用以代步的船同时既是他的移动工作室,也是他和同好展览书画的画廊。

万历四十一年三月,正在船中展览名画的董其昌,发出了"米(芾)家书画船,不足羡矣"的豪言壮语。当时的他,在旅船中随身携带着从董源《潇湘图》《征商图》《云山图》《秋山行旅图》、黄公望《富春山居图》,到李思训、范宽、李成、巨然、赵孟頫、王蒙等作者的作品,合计十八幅(《吴越所见书画录》卷五)。从使用"书画船"这个名称可以看出,董其昌强烈地意识到了他五百年前的前辈——米芾。在内容堪称"中国山水画史"展示会的豪华船上,乘坐着洋洋得意的董其昌。

有个说法叫"南船北马"。书画船,正是江南才会有的风雅交通工具。在拜访各地收藏家的途中,董其昌兴至则打开随身携带的书画,与友人一同鉴赏或是临摹。若有前来求题跋的人,则给他们写上一笔。董其昌的艺术活动中有相当部分,其实都是在船上展开的。与米芾所在的时代不同的是,书画船不再少见,船主也渐渐不限于文人。

与董其昌同时代,嘉兴府有个叫李日华(1565—1635年)的人。他考上进士之后有过一段作为官员生活的经验,不过之后洗手不干,过起了乡绅生活。关于这段乡绅生活的日记中,万历三十七年到四十四年的部分至今仍存。[12] 李日华因为有父亲通过商业积累起来的财富,又通过与项元汴等收藏家的交流,对书画极有鉴赏力,他自己也在画画。他的日记中,对看过作品的题跋进行的详实记录占了最多篇幅,同时也对日常生活进行了相当详细的叙述。通过他的日记我们可以了解到他去过好多地方。嘉兴往南走去到杭州,可以游玩名胜西湖。再走远一点,他也不时沿河而上去往新安。

这里希望和大家一起关注到的,是上门拜访他的诸多客人:

> 二十二日　雨,商人夏某拿来思白(董其昌的字)小画一帧。笔意学巨然(与董源相提并论的南唐山水

---

[12] 论及《味水轩日记》的论文,有井上充幸「明末文人李日華の趣味生活——『味水軒日記』を中心に——」,『東洋史研究』第五十九卷第四号,2000年。

画家)。

十九日　杭州商人潘琴台、吴卿云来访,给我看了赵子昂(孟頫)临摹的张旭(唐代著名书法家)《秋深帖》。白宋笺纸,长幅,挂轴。……以四两购入。(以上,卷一)

二十八日　新安人吴雅竹持赵子昂行书《说剑篇》前来求跋。……他还请求鉴定文徵明的《千岩竞秀》《江山积雪》,是赝品。……另外侯懋功(明代后期的画家)《秋山图》有黄公望风气,我对此再三翻看。雅竹以此为质物借了钱。(卷五)

八日　夏某持文徵明《存菊图》赝品而来,颇为得意。我故不作声,徐徐拿出真迹给他看,夏大吃一惊。

二十九日　吴宇旸以自藏法帖来求跋。我一看,董其昌已经在上面写了跋文。(以上,卷六)

同好之外,古董商的来访也颇引人注目。商人夏某的桥段,比如把董其昌的友人潘允端(上海名园豫园的主人)的藏品拿来推销等等,也出现在书中其他地方。虽然对于把赝品得意洋洋地拿出来现的卖家,李日华会刁难一下,但商人和古董爱好者们仍然前仆后继地带赝品过来。《日记》中,随处可见"赝""伪""不真"的字样。

万历四十三年(1615年)闰八月,李日华在苏州与八年没见的书画商吴吴山再会,他们之间的交流也自此重新开始。次月,吴吴山的书画船来到了近处,李日华出门去见他。在船上看到的作品中,他特别在意的是《苏氏六帖册子》,也就是用苏轼父子的书信编成的册子。苏州艺坛的大前辈祝允明等早在一百年前就给它写了跋文。诸跋文的最后,可以看到:"吴性中(应是吴山之名)从项氏处,挖出这块宝石。由此可以不再沉睡在好事家手中,得以将其拓刻而惠及天下。甲寅(万历四十二年)十月,于吴闾(苏州)船中赏之。董其昌"

  这些书画船在江南水乡的各处停泊,见证着各种收藏品的进进出出。虽然董其昌的书画船表面看起来只是个"文人的空间",不过通过《日记》我们可以知道,他的书画船同时也是书画品评会场,而品评(题跋)同样也是商业交易中造成价格变动的一道程序。

  船只增加了人们接触书画的机会。书画不再只是被收藏在阴冷的仓库之中,只在偶尔曝书时才能重见天日,也不再只是被挂在书斋的墙壁上傲然示人。许多书画的主人,大方地把它们带去散步。与壁画或是帆布画不同,中国的书画本来就可以收到竹筒里,具有便携的特性,书画船则在此基础上进一步促进了书画的交流往来。

新安人与艺术市场

  董其昌的书画船的同乘者中,不能不提一名叫作吴廷*的人物。两人于董其昌科举合格的第二年(1590年)在北京相识。新安籍的吴廷在兄长的资助下进国子监(国立大学)读书,当时正好刚到北京(除了考试,通过向政府缴纳金钱或谷物而进入国子监,获得监生身份的做法,在当时也很常见)。

---

* 即吴国廷,歙县人。——译者

不过，吴廷上京是为了用兄长的资金采买书画和青铜器——并不是用来收藏，而是为了转卖。不久后，他得到了好事家们的信任，作为古董掮客积累了不少财产。⑬

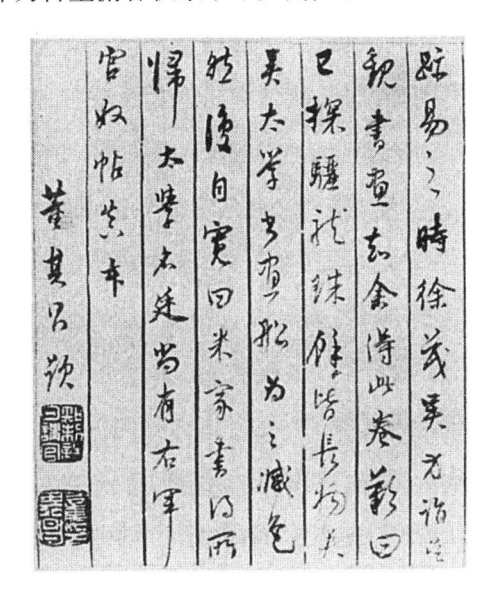

董其昌的题跋(《中国书法全集 54 董其昌》，台北故宫博物院藏)
从吴廷的书画船上(第四行)购入米芾的字

两人相差一岁，一方是书画商，一方是政府的干部候补生，尽管走的路不太一样，却是同在北京培养了鉴赏眼力的同志。后来在董其昌的书画船上，也不时能看到吴廷的身影。另外，收录了吴廷所收集书法名迹的《余清堂帖》，在明代后半叶以后大量刊行的法帖之中也是首屈一指的。而董其昌的鉴定更是提高了此帖的权威性。

吴廷的故乡新安(徽州的雅名，现在主要属于安徽省)，在

---

⑬ 参考汪世清《董其昌和余清斋》，《朵云》1993 年第三期。

明代后期的艺坛中虽然没有那么显眼,但也起到了重要作用。需要注意的是,前面讲到的罗龙文、詹景凤也都是新安人。

詹景凤家中通过经商积累了财富。其父让长子继承家业,一面又期待颇有希望的次子景凤走上科举为官的路。但是景凤着迷于书画古董,被父亲知道后被狠狠训斥。之后他尽管把心思放到了学习上,但到最后都没考上进士,始终只是个下层官僚(《太函集》卷六七"明故詹处士吴孺人合葬墓碑")。不过,他的美术品鉴赏记录《东图玄览编》,却是一本信息相当充实的书。詹景凤商人式的脚功,就连董其昌也望尘莫及。

詹景凤和苏州的大文人王世贞(1526—1590年)也有交情。王世贞是明代后半叶的文坛领袖,在爱好家的世界中也被称为"大赏鉴",发挥着巨大的影响力(《万历野获编》卷二六"好事家")。他是"善操海内上下进退之权,苏人以为雅者,则四方随而雅之;俗者,则随而俗之"(《广志绎》卷二)的具有代表性的苏州文化人。

万历十六年(1588年)的夏天,两人在南京瓦官寺见面,话题之一是石刻画的年代鉴定。在那之前,苏州人觉得那幅画是唐代的东西,而詹景凤依据画风判断其实要更晚一些,是五代的。在一旁看着的王世贞虽然随声附和,但他的判断靠的是自己的历史知识,并不是眼力。在一旁的新安老乡则开心地说道:"昔者但称吴人具眼,今具眼非吾新安人也?"(《东图玄览编》卷三)

另外一点值得注意的是,詹景凤在书中说:是自己的采买让苏州人明白了文徵明画作的价值。这里也流露出他对苏州的对抗意识。一般认为，早在万历年间詹景凤活跃之前，文徵明的画就广受欢迎，所以他的这句发言我们肯定不能照单全收。不过，新安人在艺术市场的投资，能够相当程度地左右行情变化，这确是事实。

文化的信使——新安商人

在上面提到的发言里，苏州和新安被放到一起比较绝非偶然。和董其昌一样，经常出入项元汴收藏库的古董界百事通——沈德符，曾把苏州和新安的关系整理如下。

在苏州形成风潮→波及江南整体→判断有钱可赚的新安商人对流行商品进行搜罗采买→"耳食"（道听途说的认识，一知半解）的新安商人，对弄清事物的真正好坏并没有兴趣，由此市场上充斥着赝品（《万历野获编》卷二六"时玩"）。书中还介绍了下面这件事：

沈德符和董其昌、韩世能之子韩逢禧，以及一名妓女，在书画船上曾举办过一场鉴赏会。最后董其昌拿出来的，是好友陈继儒收藏的唐代大书法家颜真卿的书法《朱巨川告身》。这是幅相当不得了的书法绝品，也是陈继儒住处"宝颜堂"名称的由来。这幅字也曾是陆完的收藏品，后来又流转进严嵩的手里。

会上，苏州人韩逢禧注意到了字里面出现的唐代人名字"开播"，问："这是我们苏州开（開）氏的鼻祖吗？"沈德符迫不及待地答道:"唐代没听说过已经有姓开的。这恐怕是'关(關)播',被临摹人抄错了。"董其昌慌忙说道:"你说的有道理,不过这是眉公(陈继儒)私下珍爱的东西,千万别说出去。"然后收起了箱子。又说后来这幅字流入了新安富人家里。"也不知这个开字改对了没有",末了沈德符还开了个玩笑,把很少栽跟头的董、陈组合给揶揄了一番(《万历野获编》卷二六"假古董")。

这则故事乍一看主题好像是讲董、陈组合的诈骗暴露了,其实意在嘲讽以为有了大家的认证就可以高枕无忧的新安商人。不过,鉴赏家们对前来搅乱"雅"的世界的新安商人频频蹙眉,只是他们单方面的态度。其实两方也是相互照顾的伙伴。吴廷与董其昌就是很好的例子。对董其昌来说,周航江南后又赶赴北京的吴廷的书画船,正是自己艺术的绝佳广告塔。

新安山地多,农业生产力不高。随着人口的增加,当地人自然就开始向外地活动,明代中期后,所谓新安商人遍布全国各地。不久他们便不再满足于做商人,还让子弟走科举登仕的路,文化方面的上升愿望很强。⑭

汪道昆(1525—1593年)曾描绘出这个时期的新安人群像。像他的文集《太函集》那样出现大量商人的文集,可以说是前所未见的。汪道昆成长于新安的盐商家庭,虽然科举合

---

⑭ 参考余英時著,森紀子译『中国近世の宗教倫理と商人精神』,东京:平凡社,1991年,下篇「中国商人の精神」(原著出版于1987年)。

格当上了高官,但比起当官的业绩,他在文化方面的多才要更为出众。据说新安人开始经营古董多是受他的影响(吴其贞《书画记》卷二)。在名墨产地新安风靡一时的"方氏品牌墨"的诞生也是由他导演的(《大泌山房集》卷八七《方外史墓志铭》)。

不过,跟科举同级生兼盟友王世贞相比,汪道昆的存在看起来果然还是有点不起眼。首先苏州人俯视一切的格局已经存在,所以才会有前面詹景凤和老乡在瓦官寺扬眉吐气的事。

詹景凤的《东图玄览编》是贵重的美术史资料,可它的知名度远不及董其昌的《画禅室随笔》。这也反映出新安在文化界所处的位置。

不过要是把有眼力没眼力的都算进去,新安人在美术市场上起到的作用还是非常大的。宫崎市定曾讲到,徽州人对苏州的经济繁荣做出了很大的贡献,[15]而如果没有在全国展开活动的新安人对市场情况的把握,摆出一脸清高、自己从来不去讨好别人架势的苏州、松江的文化,还能够以那么快的速度普及吗?

丑　闻

关于董其昌在艺术圈的名声是何时确立的,其实目前并无定论。不过在庆祝花甲寿时,他的盟友陈继儒在祝词中写

---

[15] 序章注7论文。

道:"实际上书画中出于董公之手的十中无一。而以此为生计的人所作赝品则传到京城,甚至流通到外夷。"(《晚香堂集》卷七《寿玄宰董太史六十序》)可以看出董的盛名确实传遍天下。

不过两年后闹出了一桩丑闻。由于长期以来董其昌下人和他儿子的种种恶行,松江民众对他们的愤怒终于爆发了,这直接导致他家被焚毁。关于这次被称作"民抄"(庶民的暴动)的事件,宫崎市定、福本雅一等很多人都讨论过。[16] 要谈董其昌的经历,这件事照理来说应该是很重要的,不过把它和其他传记中的桥段摆在一起比较,总让人觉得违和。

董其昌儿子和下人的蛮横通过这件事浮出水面,而对于董其昌本人,也有说他以"丹青薄技"也就是绘画制作,以及办剧团举行表演等等来敛财,还说他对自己小妾的妹妹下手,沉迷于房中术以致侵犯童女,还有说他几乎不缴纳税金的,说他的百艘游船中的大半,都是想要受他庇护的人给他送的礼等等,这些传闻可以说在痛骂董其昌上是无所不用其极(《民抄董宦事实》)。对书画船上优雅的游戏,其实有人在一旁看得十分不爽。抗议活动中也有各地商人的身影。也许是因为他在商业方面的一些活动也得罪了别人。至少可以说包含赝作的绘画制作、古董买卖确实曾是他副业的一环。

不过,董其昌作为士大夫所得的评价,似乎丝毫也没因

---

[16] 宫崎市定:「明代蘇松地方の士大夫と民衆」,初次出版于1954年,收录于『宫崎市定全集』第十三卷明清,1992年。福本雅一:「まず董其昌を殺せ」,初次出版于1981年,收录于『明末清初』,京都:同朋舍出版,1984年。

"民抄"受损。福本雅一曾认真选取样本分析清代人收集的各种八卦,通过他的分析我们可以了解,民抄仿佛并没有在生前对董其昌造成什么伤害。

对董其昌来说幸运的是,事件发生的时候他已经是在野状态。如果是在任内发生,恐怕就没有那么容易收场了。牵扯到政治的事件,无疑影响会更长久。另外,在当时的江南,"民抄"并不稀奇。做了不可告人的事的士大夫还有很多。

不过仅仅这样很难解释,为何在他余生中几乎看不到事件的余波。从因着火损失了很多财产这一点来推测,董其昌的收藏品应该也是受损严重。名品(比如说,董源的《潇湘图》和《龙宿郊民图》、黄公望的《富春山居图》)虽然没事,但在事件影响在社会上彻底平息之前,董其昌一直辗转于因书画结识的友人家中(《平生壮观》卷一〇)。不过,他基本的生活方式和交友关系都没有发生根本上的变化。果然,他之前已经建立的声威,或许已经大到可以消除丑闻的影响。之后他又飞黄腾达,一直做到礼部尚书。在公私两面都极尽荣华这一点上,董其昌超过了他在青年时代仰望着的文坛、艺坛宗师王世贞。

艺术宗师

不仅在文学方面,王世贞在艺术评论方面的名声也是如雷贯耳。他作为一名官僚的经历很是丰富,又具有与中央的掌权者严嵩、张居正对立的在野党气质,这是他受欢迎的重要原因。⑰ 他正是"具有在野党气质的苏州人"系谱中不可或缺的一位。

同时也是一位卓越文人的严嵩,在文化政策方面颇为用心。收集画作正是其中一环。据说他曾试图拉拢王世贞到自己的阵营里来,不过遭到拒绝,由此怀恨在心,最后把在蒙古战线上带兵打了败仗的王世贞父亲逼上了死路。前面讲到的《清明上河图》的事情,背后也有两者之间的对立这一背景。历经严嵩的没落、父亲昭雪的王世贞最后成功回到官场,不过这次他又和张居正形成了对立关系。前面讲到的《雪江归棹图》的事,很好地反映了王氏与当权者之间的紧张关系。

而这种在野党气质,在董其昌身上看不到。他在中央政界的活跃时间的确不长,不过那是由于挫折或是为了保身。也有研究指出,不如说他一直在寻找发迹的机会,把自己的作品当作武器在宦官和高官之间进行着活动。⑱ 不过,他有一个帮他补上不足的在野色彩的伙伴。

这个伙伴正是比他小三岁的陈继儒(1558—1639年)。陈继儒一开始也只是和一般人一样朝着出人头地的方向努力,不过很早就从竞争中脱身出来,选择走活在市井里的文化人的路。他的事迹比董其昌还要多彩。向他住处借了名字的

---

⑰ 参考大木康「厳嵩父子とその周辺——王世貞、『金瓶梅』その他」,『東洋史研究』第五十五卷第四号,1997年。

⑱ C. Rielly,"Tung Ch'i-ch'ang's Life(1555—1636)", in *The Century of Tung Ch'i-ch'ang'* vol. 1, edited by Wai-Kam Ho, The Nelson Atkins Museum of Art, 1992.

丛书《宝颜堂秘笈》虽然非常畅销,[19]他自己却说"书坊所刻《秘笈》之类的书,都是冒用我名字的,只是考虑到他们的生计,我才视而不见"(《陈眉公全集》卷五六《与戴悟轩》)。关于自己的文章的赝作在都城流传,他也和董其昌一样表现出悠然大方的态度(《陈眉公全集》卷六《王太史辰玉集序》)。不只是书籍,他的声价甚至大到连布、点心、马桶*都出现了"陈继儒品牌"。[20]南北二宗论被《秘笈》收录,也对其普及产生了很大作用。

董其昌与陈继儒经常一起活动。董其昌书画船上的表演,陈继儒经常作为配角在场。陈继儒虽然无位无官,但他以其文名与人际关系网,被人称作"山中宰相",甚至有要人向他进行政治方面的咨询。身旁有陈继儒这样的存在,给了董其昌莫大的支持。

就这样,董其昌成了继王世贞之后的艺坛宗师,但他和王世贞有相当多不同的地方。王世贞的本领,归根结底是在文章。书画方面,他虽然是大收藏家、评论家,实际上几乎没有自己的

---

[19] 关于陈继儒与《宝颜堂秘笈》的关联,可以参考大木康「山人陳継儒とその出版活動」,『山根幸夫教授退休記念明代史論叢』下,京都:汲古書院,1990年。

* "至数百载而下,糕、布等物,又以眉公得名。取'眉公糕''眉公布'之名,以较'东坡肉'三字,似觉彼善于此矣。而其最不幸者,则有溷厕中之一物,俗人呼为'眉公马桶'。"(李渔《闲情偶寄·饮馔部·肉食第三·猪》)"陈眉公每事好制新鲜,人则效法,其所坐椅曰眉公椅,所制巾曰眉公巾,所食饼曰眉公饼。"(柴小梵《梵天庐丛录》)"远而夷酋土司,咸丐其词章;近而酒楼茶馆,悉悬其画像。甚至穷乡小邑,鬻粔籹、市盐豉者,胥被以眉公之名,无得免焉。"(钱谦益《列朝诗集》之"陈继儒小传")——译者

[20] 参考福本雅一「陳眉公明を滅ぼす」,初次出版于1983年,收录于第一章注16书籍。

作品。与之相对,董其昌虽然文章精通到被赞颂为"唐顺之再世"(《陈眉公全集》卷八《董宗伯旧稿小序》),但他的人气主要还是通过书画获得的。作为活到八十二岁的大文人,他的文集《容台集》的内容可以说是单薄到让人扫兴。虽说他的子孙为了编纂文集甚至悬赏收集他的遗稿,到头来却没能得到什么成果。可能因为赝作太多,中途放弃了。不过,通过书画他已经获得了十足的盛名,也不太需要通过文业来彰显功绩了。

到头来最能可靠有力地说明他本人情况的文本,便是他写在书画上的题跋。尽管他如此出名,但一些书写传记所需要的事实难以查明,原因正在于资料的不全与真伪难辨。到现在,也没有一本关于董其昌的真正的评传被写出来。[21]

不过,这也意味着他仅仅依靠书画作品、画论和题跋就能独立谋生。与王世贞在文业的延长线上获得了"大赏鉴"的名号相对,只靠书画的独立价值(不仅是自己的作品,也包含评论)就能睥睨艺坛,这是董其昌的独特之处。

两位"文敏"

从这个意义上说,王世贞并非董其昌的敌手。董其昌的假想敌,不如说应该是三百年前元代艺坛的宗师赵孟頫。能

---

[21] 董其昌的年谱,有任道斌《董其昌系年》,北京:文物出版社,1988年;郑威《董其昌年谱》,上海:上海书画出版社,1989年;等等。关于董其昌,虽然存在几种年谱,但尚未有真正的传记出版。第一章注18论文抓住董其昌与政治的关联性进行讨论,是目前平衡性把握得最好的一篇。

书能画是两人的共同点,死后的谥也都是"文敏"。董其昌被赋予这样的名号,也正因为他被视为赵孟頫再世。

董其昌一开始对这位艺坛的大前辈还是表示出敬意的。不过,没多久他就公然开始对赵进行批判。他曾说"赵仅六十几岁就去世,是因为没有足够的文人气韵"(传闻里致力于房中术的董其昌,恐怕确实有长寿的自信,事实上他也活到了八十二岁)。他将自己的书法与赵书进行比较,说"赵字因熟而俗,吾字因生而秀",很明显已经变得看不起赵孟頫(《吴越所见书画录》卷五《论画卷》)。

在绘画方面,虽然他对赵的各作品给予了很高的评价,但以曾被他评价为"脱尽董巨窠臼,直接右丞"(《石渠宝笈》卷二八)的《水村图》为首,他一直在出手自己收藏的赵画(《辛丑销夏记》卷五)。

更为长寿的董其昌,看起来好像在所有方面都如愿以偿地超过了赵孟頫。"文敏"这个谥号,可以说是给功成名就的他最大的赞辞,如果死人可以说话,他或许还会提出"只有同级待遇吗"这样的抗议。

贬低赵孟頫、抬高四大家的正是明代的南人,由董其昌和他身边人完成的偏重山水画史观、南北二宗论更是确立了这种倾向。通过南北二宗论,元四家的重量进一步增加了。

不过,元朝统治下实际在全国范围都拥有影响力的,还是赵孟頫。他的拿手好戏也不限于山水画(画马的作品更是得到特别高的评价)。而且,他的书法被评为天下第一。先不说艺术价值,就影响力而言,四大家加起来都无法与之比较。

赵孟頫《人骑图》（《赵孟頫画集》，北京故宫博物院藏）

两位"文敏"，难分优劣。不过，政治野心比赵孟頫要旺盛的董其昌，艺术活动方面依靠中央的程度比赵孟頫要低得多。他赋予原本本地性很强的江南山水画普遍性的文化价值，建立了南人主导的绘画史观，而他主要的活动舞台一直是书画船交织来往的恬静水乡。而且，将他的观念变得强而有力的不是政权的力量，而是市场中的力量关系。

第二章　学术市场

建阳孔庙图(《地理统一全书》,日本国立公文书馆藏)

学术上的南北差异

如本书序章中所讲到的,顾炎武也曾指出过:学术方面南方占优势的情况,比艺术上发生得还要早。不过顾炎武想说的,并不是南方盛产卓越的学者,或是南人气质上适合做学问这种简单粗暴的议论。他注意到了更加根源上的问题。

他把宋代北人在科举上形势不利的原因,归结到了他们不通文章与音律(声韵)这一点上,并给出了证据。而他认为经历金、元动乱之后文学上的南北差距更加扩大,不得不说是身为苏州人、对清王朝的异族统治进行抵抗且未再出仕的他由偏见所生出的臆断。不过如果回顾一下明朝局势,也可以说他这么讲不无道理。

顾炎武说,出现这样的差距是因为训练上存在差异。做学问的人,首先从"小学"(文字、音韵方面的学习)入门。南人从小就有作诗对句的功课来磨练语感,北人则完全不做这些。故能调对平仄的人,"千室之邑几无一二人"。另外他还讲到,自己幼年时四书的经文自不必说,注释也全部读过,但周围的人不一定都是这样,为了速成,读书中存在省略的情况。不过,北人连这样都做不到。为了举例证明,他引用了一则记录了明代中期嘉靖年间陕西士人已经不读科举所必需的朱注、不看钦定的儒学教科书《四书大全》《五经大全》《性理大全》和《资治通鉴》的史料,*附注在文中。

此外,他还提到北方即便有五经刻本,其中也存在很多误字脱文——古籍的善本没能传到北方,由此造成了学习条件

---

* "王槐野与郑少潭提学书,言关中士不读朱注,不看大全、性理、通鉴诸书,当嘉靖之时已如此。"——译者

上的不利,他更得出了"北方有二患:一曰地荒,二曰人荒"的结论。朝代交替之后,顾炎武的后半辈子主要生活在北方,因此这些情况的真实性至少可以由他的亲身感受来保证(《日知录》卷一七《北卷》)。

尽管身为南人的优越感有点溢于言表,但这段着眼于学问的前提条件的发言还是含有不少值得倾听的部分。不过,适合做学问的环境是怎样被营造出来的,却是生于优渥时代的顾炎武视野之外的课题。本章,将通过讨论书籍的生产、流通问题,来探究这一课题。

顾炎武

所谓福建

就像顾炎武论及学术上的问题时,总是结合着科举来讲,学术与科举之间的关系密不可分。特别是在高、中级官僚里有大半是科举合格者的宋代之后更是如此。不用说,像今天这样针对科举制度的批判,在中国是自古有之;也早有人提出过,纯粹的学问存在于制度之外的地方。尤其是一些著名学者也发表过这种言论,这更是加剧了世人将科举史和学术史分开考虑的倾向。不过完全摆脱考试制度的知识分子可以说是不存在的。作为一种通过仪式,科举对文化人的成型过程所产生的影响可以说是难以估量。

另外,宋代之后书籍的数量随着出版的普及发生了飞跃式的增长,而书籍中需求最大的则是应试参考书(举业书)。就像如今的参考书,虽然出版数量多到无法忽视,但人们只把这些书当成用完即弃的商品,并不会看成是一种文化遗产——在中国的学术史上,举业书几乎没什么分量。

不过,举业书是阅读率最高的书这一事实的重要性,不应就这样被轻视。在思考"南方与学术"这一问题时,这一点很重要。

考察科举与出版的问题时,福建这一区域会浮出水面。福建真正的开发,要从唐代才开始。而福建在文化上更是后进地区,连唐代后半叶才出现科举合格者这一情况都要被特别提起。直到五代十国时期大量人口涌入,这里才实现了迅速发展,而到了北宋的最盛期都已经过去的十一世纪后半叶,进士数量才急剧增多。不过到了后来,福建各州在进士数量排行榜上多居上位。① 从人口比例来看，这不得不说是一种特异现象。

福建别名"八闽"，大致可以分为福州、泉州等沿海四州，以及靠近以茶闻名的武夷山脉的山间四州。然而不论哪一片土地生产力都不高。对福建人来说，为了生存下去，农业以外的选项占较大的比重。做生意，或是为了科举合格而钻研学问，都是他们活下去的手段。

福建在北宋后半叶，出版逐渐兴盛，甚至发展到了能够与早在唐代出版业就已兴盛的四川地区、南宋都城杭州比肩的程度。科举合格者辈出与出版兴盛之间有何种程度的关系，目前并没有定论。不过至少可以说，不管是考察科举还是考察出版方面的问题，福建这块土地都有着重要的意义。

朱熹与建阳

从宋代至明代，福建的出版中心一直都在建阳。沿省内首屈一指的大河闽江逆流而上，行到武夷山麓便是建阳所在。

时间来到明朝末年，当地出版业的巨头余象斗对于建阳出版的肇端做了如下记录：

> 建阳向西八十里有个名叫崇化的地方，是今日之书坊。最早的三个氏族前来定居的时候，这里只是一处与

---

① J. W. Chaffee, *The Thorny Gates of Learning in Sung China*, Cambridge U. P., 1985, Appendix3.

别处没什么不同的小坊。不过,到了宋代我族先祖移居至此,同来的侄子辈的芝孙精通风水,他在游荡半年后预言此地会成为"文献之地",便在合适的位置建造孔庙教人们做出版。于是,富裕人家从事出版与学问,贫穷人家能以版本雕刻与印刷养家糊口的环境逐渐形成,人口也增加了起来。朱熹为寻隐居之地来到此地,重建孔庙,又建同文书院之后,四书五经的集注与诸史、百家的校订、出版便更加兴盛了,所刊书籍更是在都城杭州以及浙江、江西等地被翻刻。(《地理统一全书》卷一末识语的概要)②

这段记录强调朱熹对于建阳出版业形成早期的重要性,这一点值得我们注意。在余象斗所活跃的明末时期,建阳的出版业开始向多领域展开业务,要比当初来得更加兴盛。这一时期出版的各种通俗读物之中,要数风水书和类书、小说这些门类卖得最好,再有粗制滥造的便宜货的助力,世间对建阳出版物的差评便渐渐形成了。余象斗在这个时间点讲起自家是有来头的,可以说有针对现状进行自我辩护的意味,而建阳的发展,确实与朱子学不无关系。

对出版的关心

朱熹在建阳度过了后半生,也在这里告别了世界。他又

---

② 根据日本国立公文书馆藏本。

是怎么看待出版和科举的呢？我们先来看看他对科举的态度。

在他与盟友吕祖谦（1137—1181年，浙江金华人）一起编辑收录宋儒言论的学问入门书《近思录》时，如何定位科举是一大课题。课题的重点在于如何处理"为己之学"（即为了涵养自身高尚人格的真正学问）与"举子之业"（即应付科举的学问）之间的关系。如果两者的内容多有重合那自然不成问题，但在朱熹看来，两者之间实际上存在着极大的乖离，而一昧否定举子之业也行不通。最后，书中通过引用北宋大儒程颐（1033—1107年）的文章，给出了说一个月里拿十天左右用来应试还是可以的这样折中的结论，而作者一边又担心这十天会令学习者的志向偏离原来的道路（卷七《出处进退辞受之义》）。

不过，朱熹并没有止步于慨叹科举的弊害，而是更进一步给出了调和学问与科举的方策（《朱文公文集》卷六九《学校贡举私议》）。要点之一，是对于考试所用的四书五经，要指定几个版本的注疏，让考生从中选择。另一点，是有计划性地将考试科目编组并按组循环出题，这样既能减轻考生负担，一圈下来也能令考生弄清经史的大要，算是相当合理的构想了。他的提案虽然最终未能直接实现，不过后来被政府稍作改变后采纳了。

另一方面，他又对出版有怎样的看法呢？下面要讲的事情，又和吕祖谦有关。当时，有不少冠以"东莱先生"（吕祖谦）之名的科举参考书在市面上流通。

比如其中一本,叫《东莱先生古文关键》。书中满是"古文(唐代韩愈主张复兴秦汉文章,宋代这种文章成为主流)阅读方法的要点""论作文的诀窍"这类条目,还有"以苏东坡的文章为模范,应取其意,不应单单模仿其行文。因为仿东坡的文章大家都已经读腻了"这样毫不含蓄的解释。

这本书姑且还被认定是吕祖谦本人所作,而《东莱先生分门诗律武库》则已被确认是伪托。在宣传语中此书被讴歌为"诗战之具",也是可以"扫千军而降强敌"的好东西,这里的"敌"是考试题目和其他考生。科举中会用经书的知识及小论文来测试考生,但出题的中心仍在诗赋。在北宋后期王安石改革时期,诗赋考试曾一度被废除,不过到了南宋则完全复兴,并分为"经义"和"词赋"两科,后者更受欢迎。想在这场激战中活到最后,该书是个可用的武器。

吕祖谦的学问有重视功用的地方,比较适合科举。所以有不少冠以东莱先生之名的书籍,他生前的影响力恐怕也是超过朱熹的。在他死后,伪托其名的书籍依然在建阳大量出版。朱熹对这种情况,除了干叹气什么也做不了。

那么,朱熹又怎么看待和科举没有直接关系的书籍的出版呢?总体上他还是持批判态度。这出自他对泛而浅的涉猎式学问的警惕。

另一方面,他又对公开出版自己的著作有着很高的热情。可以说,当时的学者中,对出版有朱熹那么热心的人寥寥无几。可以看到,在他留下的书信中,有相当数量是以书籍出版为话题。其中尤为突出的,是他对擅自翻刻的不平不满。他对待自己的作品总是不以之为成品,会不断进行修订。因此,未经他许可被刊印出来的版本和他实际达到的高度之间很可能存在差距,他不希望这种事情发生也是理所当然。

不过朱熹对出版相当热心,这和他的北宋前辈程颐视《易传》为未完成品而不希望公开出版形成了鲜明对比。不如这么说,虽然他对待部分著作相当慎重(后述《资治通鉴纲目》等是其例),但他对很多作品都抱着"不完善的地方在下一版中修订就可以了"的态度,甚至他的这种草率也曾受到吕祖谦的责备。然而,正是这种对待出版的积极态度,对他著述的传播起到很大的作用。他在听闻已于建阳出版的自著要在吕祖谦所居的金华翻刻后,动用友人的关系令刊行中止,这恐怕也是考虑到建阳本地出版业者的利益。朱熹果然可以说是一个建阳人了。[3]

学术中心

随着朱子学社会影响力的逐渐扩大,树大招风的情况也愈发多了起来。到了朱熹晚年,他的学问甚至被贴上"伪学"的标签,遭到打压。不过在他死后,在努力宣传老师著述和完成老师未竟工作的弟子们的奋斗下,朱子学终于在理宗治下的淳祐年间(1241—1252年),获得了朝廷的官方承认。有政

---

[3] 参考中砂明德「士大夫のノルムの形成——南宋時代」,『東洋史研究』第五十四卷第三号,1995年。

府背书的朱子学,其内容在科举中也被作为试题。也有试题出自进献给皇上的《近思录》,随之又有以"考试中会出现的近思录"(《文场资用分门近思录》)为名的书籍被出版出来,关于小论文的解答方法也能看到带有朱子学色彩的解说(《群书会元截江网》)。

南宋末年科举停止,到了元朝更是没有举办科举,朱子学因此一时失去了官方认证,不过朱熹的三传弟子仍然在孜孜不倦地宣传他的学说。通过熊禾和胡一桂两位学者的交流,我们可以确认到这个时期建阳依然发挥着很大的作用。

熊禾(1247—1312年)是建阳人。宋末科举合格后做过官,政权更替后隐居山中。他先是在武夷山,后又在故乡建立书堂,一面收徒讲学,一面进行阐释朱熹学说的著述活动。不过他的著作并未对后世产生什么影响。

胡一桂(1247—1314年)是新安地区的婺源人。殿试落第后他放弃出仕,在故乡讲学,受其父家学影响尤其擅长《易》。至元二十六年(1289年),他带着自己编撰的作品拜访了熊禾。在闽的三个月中,他与熊禾一起对书稿进行了校订,也围绕《诗经》《书经》进行了讨论(《勿轩集》卷一《送胡庭芳序》)。这份书稿随后以《易本义附录纂注》为名在建阳出版。此书以朱熹《易本义》为基础,又附加了其他书中所收录的朱熹涉及《易》的言论,以及同学派其他人的见解而成。

胡一桂之后还拜访了两次熊禾。这两次分别待了十个月和两年之久。正如他在出发前给友人陈栎所寄信中所言,"准备去福建找熊先生商量《诗集传附录纂注》出版的事情"(《陈定宇先生文集》卷一七《别集·胡双湖与先生书》），访问的目的是一起研究和商讨出版。陈栎在回信中劝诫他务必慎重："与《易》不同，你对《诗》的理解有不足的地方。虽然和熊先生讨论后定能改观不少，不过出版还应反复推敲。一旦刊行，再受人指摘就为时已晚了。"另外，胡一桂也将自己提取正史的精华部分汇集而成的《十七史纂古今通要》书稿给熊禾看了。

从熊禾不时提起"和胡已经互相勉励切磋了十七年"推算，胡一桂尚在新安的时候应该就已经和熊禾联系上了。胡一桂和熊禾保持联系的原因，恐怕在于朱熹死后建阳一带仍是其学派的中心，以及熊禾一直参与出版相关工作。目前可确认曾拜访过熊禾书院的人，并不只有胡一桂。江西鄱阳人董真卿，在大德八年（1304年）被胡一桂带去一道拜访了熊禾。他是为了父亲董鼎书稿的出版，这些书稿在胡一桂的介绍下最终由熊禾的家塾刊行（《勿轩集》卷二《孝经大义序》）。毫无疑问，除胡一桂与董真卿之外，还有其他携书稿前来拜托熊禾的造访者。

就像这样，熊禾身在建阳而接待着来自各方的访问者，帮助他们出版自己的作品，为朱熹死后建阳能保全学术中心的地位而努力着。同文书院，是过去朱熹作为图书馆而造的，但一度毁于战火。大德五年（1301年），在同文书院重建工程的上梁仪式上宣读的致辞里，熊禾曾强调建阳本流通到了高丽、日本（《勿轩集》卷五《建同文书院上梁文》）。这则记述经常被作为展现了建阳版影响力的材料引用，不过在文章的性质上，把它看成是一种表达愿景的记录或许更好。不过熊禾很清楚出版的影响力,也的确会去利用这种影响力。

科举兴复与老学者

元朝不再进行科举,并不意味着南人出仕之路被断绝。这一时期,还存在不当官而作为吏来进入政府等出仕途径。不过,进入精英阶层的阶梯可以说是被撤掉了。文献记录中"入元不仕,讲学山中"的学者逐渐增多,但他们并非都是因为自己喜欢才远离尘世的。

延祐元年(1314年)科举制度恢复。其实,对南人来说无科举时代只持续了不过半个世纪。不过,这时的科举按照蒙古人、色目人(畏兀儿等西域族群)、汉人(原金朝领地居民)、南人(原南宋领地居民)分别设置了名额。三年一次的终试(殿试)中大约会出现一百名合格者,其中南人只被分配了四分之一的名额。当时的统治—从属关系,露骨地体现在了科举之中。

因此,元朝的科举兴复在政治上虽然算不上什么大事,在科举史上却是一个重大的转折点。这是因为除了朱熹所指定的主要出题范围"四书",从过去的科举重点教科书"五经"里面出的自选题(从"五经"中令考生"各治一经"。应是考虑到"五经"相比"四书"内容繁多,会给考生较大负担)的回答标准,也开始以朱子学派的注释书为中心(不过,朱熹并未留下相关著作的《礼记》,仍用古注疏)。元朝的科举改革在其后的明朝也被继承,并进一步强化。

科举重新举行后，受到地方推荐的江浙行省考生，首先要到省会杭州集合。胡一桂的学友，新安休宁人陈栎（1252—1334年）也是其中一人（以下关于他的记述，都来自《陈定宇先生文集》）。

在宋末迎来青年时代的他，自然也是以通过科举为目标的书生中的一个。不过，在他因病放弃赴试的第二年，科举因宋末的混乱而被废止了。之后，他过上了一面做家庭教师，一面潜心研究朱子学的踏实生活。虽然这段时间他也写了不少东西，但都因六十岁时的一场火灾而付之一炬。科举恢复的时候，他公开出版的著作仅有《论孟口义》一种。

对陈栎来说，科举是一个机会。不过把科举作为出人头地的手段，对六十三岁的他来说好像有些太晚。他心中或许有过"都这把年纪了……"这样的踌躇。不过，他心底应该还是有着不愿仅以"笃学之人"了却此生的心情，因此最终接受了推荐。

身为贫穷老人的他，虽然在筹措前往杭州的旅费上花了一番功夫，但终于在一千二百人里以第十六名的成绩通过了乡试。为了第二年的会试（在大都举行的考试），他和学友一同备好船，做好了上京的准备，可到头来还是没能同去。这次，他又是因为生病不得不放弃考试。

不过他并未因此垂头丧气。翻看书肆出版的会试合格答案集，我们可以看到其中收录的皇帝关于对因病未能参加这次考试的考生采取优待措施的"玉音"。陈栎先是给负责这次江浙行省考试的官员（北方朱子学大家许衡的儿子）写信，见没有回应便又托友人联系汉人官僚中的要人李孟，试图在当地谋个教官的职位。

杉山正明指出，从决定重新进行科举的仁宗的前代武宗开始，元政府就开始进行诸如保护曲阜孔庙等等宣扬儒教的政策，这对后世的儒教史产生了极大的影响。④ 作为文化方针的一环的科举兴复，不仅令陈栎这位老人，更是让诸多汉人欢欣鼓舞。尤其对朱子学派来说，这是扩大势力的绝好机会。

为了卖书

陈栎虽未能合格，但科举给他的学者人生带来了变化。正如前面说到的，他在科举兴复前公开出版的书籍虽只有一种，但仍有其他著述。他在大德七年（1303年），完成了一本研究《书经》的书（《书解折衷》）。他把书稿给胡一桂看后，对方推荐他要不要试着编编看朱熹弟子蔡沈（1167—1230年）继承其师遗业写成的《书集传》的注解书。

不过，编纂工作进行到三分之一的时候，胡一桂的弟子董鼎的侄子找到他，拿出胡一桂的介绍信说："这是我过世的舅舅为《蔡沈集传》所作注释的原稿，请把你手头的工作编入其

---

④ 杉山正明『世界の歴史9　大モンゴルの時代』，东京：中央公论社，1997年，第四章「めぐりあう東西」。此外还可参考宫紀子「大德十一年『加封孔子制誥』をめぐる諸問題」，『中国——社会と文化』第十四号，1999年。

中。"对于这略显无礼的要求,陈栎当场拒绝,不过之后耐不住对方次年再访的热忱,最终答应了下来。在这之后,董鼎儿子董真卿,又为能在建阳出版的相关事宜而去找他。

送来的董鼎书稿,上面虽已有胡一桂等人的批改,但陈栎看后觉得仍有不足,便进行了彻底的修订。完成书稿后,他与董真卿商量后替其题名为《蔡书传附录增注》,由董真卿携书稿前往福建。

书稿虽由余氏勤有堂出版,看到成品的陈栎却又惊又怒。首先是标题被改为了"集成"。关于这处修改,没有任何人跟他通过气。"集成(集大成)"是只能冠在朱熹那样的大学者的著作上的称呼,他认为乱用这个称呼是一种相当僭越的行为。然后,作为共同编者,他的信息在书中没有任何标示,这本书成了董鼎的独著。此外,在和董真卿讨论的时候,明明讲好要应书稿内容的变化重新构思"序文",书中却只把董鼎的序文毫无变动地收录在那里。这样一来,序文就和内容对不上了。

以上问题,都算勉强还能忍受的。最令他无法忍受的,是书中把自己所加注的内容,全部错标成了"胡一桂之说"。也就是说,书中陈栎参与的痕迹被剔除了一部分。在注释里,本应该写成"新安陈氏曰"的地方,有五十几处讹作"新安胡氏曰"。⑤

董真卿的背叛不是唯一。如何把印出来的书作为科举应

---

⑤ 参考许华峰《论陈栎〈书解折衷〉与〈书蔡氏传纂疏〉对〈书集传〉的态度——驳正〈四库全书总目〉的误解》,杨晋龙主编《元代经学国际研讨会论文集》(上),台北:"中央研究院中国文哲所"筹备处,2000年。

陈栎（右）与董鼎（左）的《书集传》注释（《通志堂经解》所收）
被改成"新安胡氏曰"的部分，作者本人文集中作"愚谓"（各页第一行）

试用的教科书卖出去,是书坊第一考虑的问题。恐怕更改标题、篡改人名都出于同样的目的。其实董真卿之前还跑去大都,请当时担任国子监校长的吴澄(1249—1333年)写了序文(大致发生在至大年间,在和陈栎商量帮忙之前)。吴澄可以说是当时学界的第一人。他要帮忙背书的是董鼎的作品,如果知道会有很多陈栎的功夫在书里,序文恐怕会变得不同。比起信义,更重要的是书的"信用度"。陈栎的名字被调包成胡一桂的名字,恐怕也是因为在建阳,胡的名字是远比陈吃得开的品牌。正如余氏所料,这本书获得了成功。⑥

另一方面,这次被算计的经验对于陈栎来说,未始不为一剂良药。之前几乎不把自己的研究成果付之于书的他,此后在出版方面一鼓作气,不再与人合著,而是通过建阳的书坊,七十六岁时出版了独著《书蔡氏传纂疏》(泰定四年),八十岁时又出版了《礼记集义》(至顺二年)。

学者与出版者的交流

像陈栎这样,通过因科举兴复而获得发展的出版而最终留名后世的学者,还有很多。同处新安地区的祁门人汪克宽(1304—1372年)也是其中之一。十四岁时,他看到试题,没经过任何人指导便洋洋洒洒地写下了模拟答案,因此被人当

---

⑥ 张金吾《爱日精庐藏书志》卷三《诗集传附录纂疏》所载揭祐民序文中,对《书传纂集大成》的普及有所言及。

作天才。他二十三岁时通过乡试,但在第二年首都举行的会试中跌了跟头,从此放弃出人头地,而去钻研教育。

他一面过着教师生活,一面勤勉地进行着关于《春秋》胡传的研究,终于在三十一岁时完成了研究,不过由累积下来的成果汇集成的书稿却在第二年因火灾被全部烧毁,这令他十分受挫。在把书稿重新写出来后,他拜托了当时的文坛泰斗、在大都的政府内都吃得很开的虞集(1272—1348 年),拿到了书的推荐文(日期是至正元年七月)。

他在自序中说道:"初学者若能入手此书,不必涉猎群书也能一目了然。"虞集的推荐文中也对科举有所言及。可以说他在作这本书时,为科举方面的功用花了不少心思。汪克宽所研究的《胡传》,是朱熹相当尊敬的前辈、南宋初期的学者胡安国(1074—1138 年)继承程颐的春秋学而作的注释书,在科举兴复之际与左传、公羊、穀梁这"前辈"三传一同被纳入科举的出题范围。在之后的明代,甚至力压三传位居首位。

此书的出版由建阳刘锦文的书坊"日新堂"负责。日新堂在此之前出版过新安人俞皋的《春秋集传释义大成》(1326 年)一书,在春秋相关的出版物上算是有经验的书坊。我们通过汪克宽文集中所收录书简(《环谷集》卷七《答刘叔简》,叔简是刘锦文的字),能够一瞥作者与书肆的交涉过程,虽然其中信息有些零碎,让人读后感觉不得要领,但可以确定最先是日新堂方面听闻了书稿的存在前来求稿,对此汪克宽恳愿"还想再加修订,请再稍等"。而出版方想让他弄快点,原因在于,顺帝初期(1335 年)虽曾一度废止科举,但至元六年(1340 年)十二月又颁布了恢复科举的诏书，这正是虞集序文落款日期的半年前。虽然赶不上恢复后的首场科举，但出版方希望时间上可以和三年后的下一次考试对上。

刘锦文是一位颇具学者气质的出版人，还出版过《答策秘诀》（科举第三轮考试中小论文的回答方法指南）这样的书。他对于学者的良心自然有着一定程度的理解（嘉靖《建阳县志》卷一二）。于是此书的出版一直延迟到至正八年（1348年）。

刘锦文与其他学者的交流记录也有留存。陈栎的弟子倪士毅（1308—1348年）曾拜托刘锦文的书坊出版其师遗作《四书发明》与婺源人胡炳文（1250—1333年）《四书通》的合订本。关于当时的交涉内容，佐野公治的研究进行了详细探讨。[7] 将刘锦文与倪士毅联系在一起的不止这些，朱熹所编著的《资治通鉴纲目》也对两人关系的形成产生了很大作用（后述）。

新安学派

上面讲到的几个事例，无一例外都是新安的学者与建阳的书肆这样的组合——这一点颇令人玩味。新安是朱熹籍贯所在地，虽然在地理上与建阳相隔甚远，不过两地之间还是有着很强的联系。而在往来两地的胡一桂的作用下，可以看到

---

[7] 佐野公治：『四書学史の研究』，东京：创文社，1988年，第四章「四書註釈書の歴史」。

连通两地的"道路"被进一步拓宽了。

不过事实不仅如此。陈栎的墓志铭中,有如下叙述,把他和大学者吴澄相比较:

> 吴先生常在京城等大城市,屡为朝廷所用,天下学者便会从四方去依附他。因此他的学问影响远大而繁盛。与此相对,吴先生居万山间,与木石为友,足不出户数十年。故他的学问,须要等到他所著书籍行至天下,才能为人所知。

说是"与世隔绝的隐者"可能过于夸张,不过可以说这篇文章很好地说中了陈栎乃至"新安学派"整体的特质。新安学派看似与中央政府之间相隔甚远,其实有管道连通其间,宫纪子的研究解明了这一点。[8] 不过通过陈栎的例子我们可以知道,他们虽然和中央保持着联系,但并非学界主流。与此相对,吴澄曾经担任位于国都的国立大学校长,可以说是驰名全国。这也是为什么董真卿要特意带着父亲的书稿造访大都请他写序文。

讲到学派,元代江南最为活跃的要数浙江的"金华学派"。此学派以与陈栎同时应试科举并合格的黄溍(1277—1357年)为代表,人才辈出,到最后出了明代朱元璋的智囊宋濂(1310—1381年)、王祎(1323—1372年)这样的大人物。不过,他们在历史的舞台上能够如此活跃,自身学问方面的涵养

---

[8] 宫紀子:「程復心『四書章図』出版始末攷——大元ウルス治下における江南文人の保挙——」,『内陸アジア言語の研究』XVI,2001年。

自是一因，而与中央权力的人际上的接近则对此贡献甚多。⑨

新安人在此之前并没有掌握很好的渠道，而为了传播朱熹的教说，他们选择了积极著述，并将注释付之版木。因为中间还隔着书肆，通过他们出版出来的读物很难完全消除考试参考书的性质。即便如此——不如说正因如此，他们依然积极地利用这个机会，试图普及朱熹的教说。作为个体的存在他们往往并不起眼，最终会被逐渐忘却（比如长期以来被作为史料引用的《陈定宇先生文集》，其实是清朝时当地人为了重新宣扬几已被人忘记的名儒而编纂的），不过他们的足迹能够确确实实地留到后世。

新安学派在"启蒙"一事上颇下功夫。譬如史学的启蒙书，胡一桂有《十七史纂古今通要》、陈栎有《历代通略》（两人在执笔各自的作品时保持着信息交换。具体来说，两人会通过书信交流确认对方的进度，不时寄送草稿请求指正，在此基础上推进工作），他们的著作总体上都秉承"方便初学者"的观念，并为此下了一番工夫。学术方面的评价暂且不提，他们的这种创作手法的确对后世产生了影响。

> 朱子作《四书集注》后，出现了各种注释书。有人诟病层层叠加的注释书内容过于繁杂，于是有陈栎作《四书发明》、胡炳文作《四书通》，而后定宇（陈栎）门人倪士毅合二书为一，并加以订正，起名《四书辑释》。永乐时命儒

---

⑨ 参考 J. D. Langlios, "Political Thought in Chin-hua under Mongol Rule", 收录于第一章注 5 书籍。

臣作《四书大全》，并发放到各学校，从此元代各版本逐渐衰微。……《五经大全》之中《春秋大全》以汪克宽《胡传纂疏》为底本，仅将"愚按"改为"汪氏曰"，又添了其他注释家的几条注释而已。同样，《诗经大全》也几乎承袭元人刘瑾的《诗传通释》（这本书也由刘锦文日新堂刊印）。至于剩下的三经，虽然找不到被当作底本的旧本，也未必不是参照前人所作之书。当时的儒臣奉旨修书，不仅有餐钱、笔札的配给，书成之日，更有赐金。把国家的经费当流水消耗，却并没有作出可以流传后世的良作，而仅拿已有的书抄誊一遍，实在岂有此理。难道有骨气的臣子已绝于建文之代（此处是委婉地讲永乐帝的肃清之后的不振局面）？八股文（科举考卷用的文章格式）盛行之后，再无人看顾宋元以来的实学了。（《日知录》卷一八《四书五经大全》）

上面的文章里，顾炎武对朱子学的发展过程进行了概括。其重点在于批判明代学者的怠慢，而对新安儒者并没怎么评价。不过，新安学者们的努力在明代经学（以及吸收了明代经学的朝鲜、日本）之中留下了浓重的痕迹，这是毫无疑问的事实。

对知识的包装

负责把新安学派的启蒙书推向市场的建阳出版界，在"如何提供知识"一事上也颇花了一番心思。类书是这番心思的一个体现。

类书,可以说是古代中国的百科词典,是从大量书籍中提取出部分信息,分门别类整理之后向读者呈现的一类书籍。早期的类书,主要是由保有相当数量书籍的政府部门制作,专供帝王、贵族参考。

到了宋代,民间的类书制作也多了起来。其中要数建阳的类书出版最引人注目。建阳通过将众多书籍的摘要编辑成书,来满足爱书家以外的普通读者的需求。当时应该是相当受欢迎,所以元代之后也不断被修订再版。不过类书只能提供泛而浅的知识。要是按照朱熹的观点来看,这种书恐怕是应受批判的。

不过,在包装方法上花心思这点上,推出类书的出版业者和朱子学者却意外地相近。类书界的王牌制作人祝穆,是朱熹母亲那边的亲戚,他自己和朱夫子的关系也相当亲近。不过,情况不只如此。

前面讲到的朱熹、吕祖谦合编的《近思录》,收录编辑了他们的宋儒前辈周敦颐、程颢、程颐、张载的言行,作为宋学的教科书,其影响力不限于中国,更是波及朝鲜、日本。要说为何这本书能够如此普及,主要当然是因为它是由朱子所编,不过书中先确定如"道体""为学""致知"这样的类目,再围绕这些类目来整理诸贤言说的巧思也贡献不小。

不久,朱熹自己对弟子讲过的话,也被整理成了《朱子语类》。要说收集老师言论整理成书这种体裁,从前就有禅宗的语录。弟子们在编辑整理以朱熹为代表的宋儒的语录时,想必会将禅宗的语录当作先行作品放在心上。不过与之前那些语录不同的是,他们会将所收录的言说按照"理气""鬼神"这样的项目分类。实质上,他们做的也是一种类书。这样一来,查找朱熹的发言就变得容易多了。新安学派在编书的时候,非常爱用"语类"这种体裁。

在知识的包装方法上花的心思,大大地促进了朱子学的发展。

建阳的影响力

一般认为,书籍出版在明初迎来了沉滞期。即便是建阳也不例外。不过可以认为,正是因为这里的沉滞期,建阳在全国出版业中所占比重进一步提高了。比如,在明初大政治家杨士奇(1365—1444年)所记录的自己穷书生时期读过的书中,建阳版占相当大的比重。另外就像他讲的自己当年"主要只能借书来抄"所反映出的情况一样,那时书籍的印刷量不足以供应到一般读者手上。⑩

而就像顾炎武所概括的那样,明代《四书大全》《五经大全》成了科举的参考依据。不过对一般考生而言,官方发行的原物是难以触及的存在。本来官刻本也做得过于豪华。虽说作为权威的象征也无可厚非,可实际使用起来实在是很不方

---

⑩ 井上進:「藏書と読書」,『東方学報』第六十二册,1990年。参考井上進『中国出版文化史——書物世界と知の風景』,名古屋:名古屋大学出版会,2002年。

便。各县官立学校的书库常常被叫作"尊经阁",可以在那里阅读经书和上面下赐的书籍,⑪不过这些书都是大块头,翻阅起来很不方便。于是,建阳便有了将书坊的刊本加工后放上书架的动向(嘉靖《建阳县志》卷五)。倒是下赐的《大全》不知被收拾到了哪儿去。

学校的书库出于这种情况,不得不通过民间出版来补充藏书。在明朝建国快要一个世纪的十五世纪中叶的英宗时期,由于民间出版的书籍中实在是存在太多错误,宫中负责出版的司礼监受命重刊正确的版本。记录这件事的《南雍志·经籍考》虽然没有明说这些谬误的源头,不过毫无疑问把笔尖对准了建阳。

这里,我们来比较一下建阳版《大全》和官版的尺寸。先不看书籍本身,如果将半叶(一页)中圈住文字的"框廓"拿来比较的话,官版《周易大全》是纵 25.6 厘米×横 17.8 厘米,正统五年(1440 年)余氏双桂堂所刊《周易大全》则是 19.2 厘米×12.5 厘米。⑫ 后者在牌记中称此书刊行的出发点之一是"为了回应那些难以查阅颁布给各学校的原书的山林之士的需求",可知当时对官版以外更易入手的书籍的需求。或是在南京国子监的藏书目录(前述《南雍志·经籍考》)中,可以看到《孟子大全》《礼记大全》官本和"闽(福建)本"融洽地并列在

---

⑪ T. Brook,"Edifying Knowledge: The Building of School Libraries in Ming China",*Late Imperial China* vol. 17 - 1,1996.
⑫《国家图书馆善本书志初稿·经部》,1996 年,第 18 页;沈津:《美国哈佛大学燕京图书馆中文善本书志》,上海:上海辞书出版社,1999 年,第 12 页。

一起,《孟子》官本有八册、闽本有四册,《礼记》则是官本十八册、闽本八册。因为装订上还存在厚薄的偏差,所以很难进行单纯的比较,不过建阳版相对来说还是比较紧凑。

不过这里讲到的书怎么说也是《大全》这种级别的,书肆恐怕也花了一定的心思去做书,有问题的书其实多是"便宜没好货"版的注释书。

建阳的大火

朱熹去世三百年后的弘治十二年(1499年),建阳的书坊街发生了一场大火,造成了"古今书板皆成灰烬"的损失。有些不可思议的是,同年孔子故乡——山东曲阜的阙里也发生了火灾。有人把相距一千公里以上的两地发生的火灾联系到一起,于是出现了"这是上天的警告"的声音。中央政府的官员许天锡也呼吁,应该侧耳倾听上天对偏离本来道路的学问敲响的警钟。作为朱熹先生的终老之地,建阳被视为仅次于孔子故乡的圣地,理所当然也应该向外界输送纯正的学问。但是,当时的建阳在向天下散播谬误——对此这位年轻官僚颇具危机感。

那么要如何回应天谴呢?他说:"只精选真正应当学习的书籍去刊行,在火灾中幸存的晚宋的文字,及京华日钞、论范、论草、策略、策海、文衡、文髓、主意、讲章之类的版木都应当趁此机会作废弃处理;应从中央派官员对出版物进行审查。"许天锡自己是福建人,对建阳的出版物的威力当有切身体会,恐怕也因此会有如此提议(《孝宗实录》卷一五七)。

许天锡提倡要禁绝的书籍,一部分虽然难以具体确认到底是哪本书,不过从书名看来大多是针对科举论文对策的参考书。他最后提到的"主意、讲章"虽算是四书五经的解说书,到底还是为了科举而编的书籍。

大火肃清了这类有害书籍,对官府将出版纳入管制来说,是时不再来的机会。不过,事态并未往许天锡所想的方向发展:管制并未奏效。之后依然接连发生了因为照抄"袖珍版"(名称来自"大小可以收进袖子里"之意)《四书五经》的错误——比如"巽与(yu)"→"巽语(yu)"、"由(you)古"→"犹(you)古"这样因谐音而产生的误刻——而落第的情况。对此难以坐视的福建当局在嘉靖十一年(1532年),向书匠派发了基于官本制定的底本,要求按照其格式翻刻,违者严罚。

不过,弊害并未就此收束。向涌进考场的考生分发官方版本的注释书是不可能的事情,所以还是不得不向建阳的书肆借力。书肆的商业主义再怎么被嫌弃,没有它们的力量,考试很难成立。

之后,建阳出版界在十六世纪后半叶迎来了最盛期。同之前一样,建阳出版依然以举业书为中心,不过在类书以外,还又增加了历史小说、风水书等等,门类逐渐多样化。

另一方面,时代的变化正在悄悄逼近。明末,建阳的出版业逐渐落后于苏州和南京、杭州这些城市。这几个地方所出的书籍,首先外观上要比建阳版有高级感。即便是继承了建阳模式出版的俗书,排版上也要比建阳版来得舒展宽松,读起来很省力,看起来也比较文雅。江南地区出版的质和量都不断提高,供求环境都愈发成熟,最后建阳的书坊反过来得宣传"本社所刊书籍以'京本'(南京版)为底本"了。到了清代,建阳版便无人问津了。

在十八世纪后半叶的乾隆时期,作为一项重要的国家事业,意图汇集历代主要书籍的《四库全书》被编修出版。不过建阳版的书籍几乎未被收录,仅被列入"存目"(此中书籍虽被官员注意到,但不入《四库全书》,只保留书名和内容简介),并在介绍中被贴上"杜撰""七拼八凑""剽窃"之类的标签。

同时,主持编修的乾隆帝好奇心旺盛,又有喜欢显示自己博览群书的一面。他注意到一直被当作宋版书的《千家注杜诗》的最后有"皇庆(元朝年号)壬子,余氏勤有堂刊"的刊记,以发现这本书其实是元版而洋洋得意。同时他又关心起了这里的勤有堂,想要知道余氏是否还在营业,他们创业又是何时。

不过,对此连福建籍的官僚都不能给出一个正确回答。因此在乾隆四十年(1775年),有调查官被专门派往当地调查此事(《高宗实录》卷九七五)。这个小故事虽然有认真过头之嫌,却如实地反映了当时的情况。

第三章 通鉴家族的繁衍

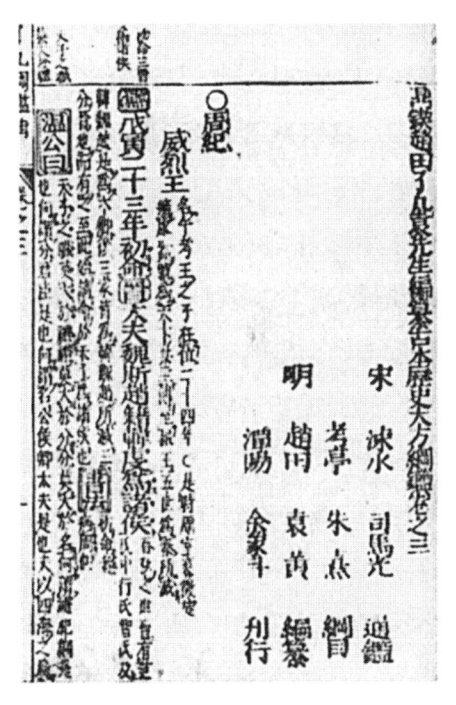

《历史纲鉴补》和刻本

《资治通鉴》的影响力

北宋司马光主编的《资治通鉴》,被认为是可以和司马迁

《史记》比肩的史书名作。不过在今天的日本,《资治通鉴》的知名度要远不及《史记》。《史记》开创了为之后正史所沿袭的体裁"纪传体",它的文学魅力也吸引了不少读者;与此相对,《资治通鉴》复兴了《春秋》以来"编年体"史书的传统,这一点虽被认为意义重大,但它仅仅停留在巧妙地重新编辑历代史书上,让人感觉它没有《史记》那么强烈的个性,这也是定论。历史系的研究生也许还行,但要是去问其他学生:"《资治通鉴》是一本怎样的书?"只能得到"是一本编年体史书"这样课本上的标准答案,这应该不是笔者才有的体验。

不过这本把战国时代到五代一千三百六十二年间的通史整理为二百九十四卷的《资治通鉴》在过去的影响力,可以说是超过《史记》的。那么,为何《资治通鉴》会被广泛阅读呢?

对君主来说,此书正如书名所示是"对治理('治')有益('资')的一面镜子('鉴')",对臣下来说它能成为在官场处事时思考进退的参考,这是第一个原因。本来,这本书就是为进献给宋朝皇帝而编。不久后发生了新旧党争的风波,针对这部旧法党的巨魁司马光编纂的作品,在新法党掌权的绍圣四年(1097年),曾有关于是否要废弃此书的版木的议论(《续资治通鉴长编》卷四八五)。到了南宋,这本书的评价才逐渐稳定下来。丧失中原领土的全部责任被归咎到了王安石身上,与此相对,司马光则声誉高涨。被迫肩负王朝复兴的重担、不得不装作优等生模样的初代高宗、第二代孝宗这两位皇帝,把司马光的作品当作爱读的书,也是再自然不过的事了。而在之后,《资治通鉴》也成了历代皇帝爱读、必读的书。[①] 哎呀,不只是皇帝,毛泽东也很爱读《资治通鉴》。另外,不仅在中国,朝鲜和日本的政权也很看重这本书,从朝鲜方面编纂《东国通鉴》(1484 年)、日本方面编纂《本朝通鉴》(1670 年)可以看出《资治通鉴》影响之广。另外,书中出现的众多士大夫为人处世的事例,也被相当多的人当作参考,成了臣下们的"鉴"。

第二点原因,在于为一般读者提供"通史"。在研究中国史时,历朝历代的正史是会被最先考虑的基本史料。不过,未必所有人都会为了做研究而去读史书。本来就不该期待普通读者都会把一套正史备在案头。这样一来,虽说是经过两次编辑的书,但从给读者供应通史的角度来看,《资治通鉴》是一本非常便利的书。之后又不断有姐妹篇被编出来,也都是出于给读者供应通史的动机。把这些书串联起来,就是一部中国通史(关于"通鉴"收录的年代之前的历史,《资治通鉴》编辑者之一刘恕作有《通鉴外纪》传世,后有元末陈桱进一步补充,完成了开天辟地以来的通史接力)。

能被广泛阅读的第三点原因,在于《资治通鉴》缩略本的影响力。和正史的总量相比,《资治通鉴》虽然已经很压缩,但也有二百九十四卷之多。正如司马光自己曾说的:"把书借去能读到最后的,只有一个人。其他人都是一页还没读完就开

[①] 参考寺田隆信「士人の史的教養について——あるいは『資治通鑑』の流布について——」,『歴史』第八十二辑,1994 年。

始打哈欠想睡觉。"实际上这本书不适合通读。不过因为分量太大而没人看，实在不是编者想要看到的情况。司马光编写了年表形式的《目录》，又制作了《举要历》这样介于繁简之间的"重要事件年表"。可以看出他为了全书都能够被充分利用而花的一番苦心，但很难说在易读性方面做到位了。

因此，之后出现了不少《资治通鉴》的缩略本（节本）。其中最有名的，便是朱熹的《资治通鉴纲目》。《纲目》首先卷数就只有原书五分之一的五十九卷，相当轻量化。顾炎武从他祖父那里接受学问的入门教育时，曾被告知："虽然世人多在学习《纲目》，但这本书再怎么说也不过是改编版，我们应读原版《通鉴》。"（《亭林文集》卷二《钞书自序》）尽管进入清代后这种声音越来越多，不过同时《纲目》也一直都被尊重。不必说，这是因为书的编者是朱熹。《纲目》的"凡例"开头提到的"正统论"的影响力尤其不可估量。在日本，它对南北朝正闰论*产生的影响广为人知。

像这样，姐妹篇、缩略版等一系列书籍形成了"通鉴家族"，在史书的世界颇具威势。而在通鉴家族形成的过程中，上一章讲到的建阳人起到了很大的作用。不算朱熹，其他建阳人很难说他们的工作是为了确定和普及正确的历史记述，不过没有他们在商品加工和流通上付出的努力，通鉴家族不可能如此繁荣。本章，让我们一起追踪他们的经营过程。

---

* 十四世纪，日本曾有一段两个系统的天皇在京都和吉野（奈良）各立朝廷并存的时期，这段时期被称为日本的"南北朝时代"。"南北朝正闰论"则是指围绕南朝、北朝哪一方才是正统展开的论争。——译者

第三章　通鉴家族的繁衍

对"节本"的需求

到了南宋，随着《资治通鉴》地位的稳定，各种节本也接连登场。这些"节本"的特征可以总结成以下四点：

（1）注释穿插在正文里。宋代之前，注释与正文分开处理的做法比较常见。合并正文和注释是建阳书坊的惯用手法。南宋史炤所作"通鉴释文"本来不和正文写在同一行，但建阳书坊将其作为夹注插进了正文。另外，和今天的《通鉴》通行本成套出现的，是元代"通鉴"学者胡三省的注。胡注成了对《通鉴》读者很重要的指南，现在我们很难想象没有胡注的《通鉴》。不过直到明代，一般读者最熟悉的，都是做得不太好的史炤的注。

（2）在原版《通鉴》就有的以"臣光曰"开头的编者见解和前人议论的基础上，增补了宋代名人的史论。

（3）在栏外加上了小标题。

（4）明示出典。

说到为什么《通鉴》会被加上这些处理，其实还是为了科举。

虽说史学与经学不同，没被列入考试科目，所以并非必学的知识，但写小论文时有些历史知识还是很必要的。写小论文时，(2)中所引用的前人议论可以在展开论点时作为参考。(3)是为了方便快速查找事件，这在今天的教科书和参考书上也很常见。然后通过(4)，即便不把各朝代的"正史"一册册看过去,也可以通过只读节本来装作读过原著,然后面不改色地搞间接引用。

具体是谁开始在书里搞这些小花样的,目前并不清楚。有说是司马光自己加的,也有说是经吕东莱先生之手编辑而来的,两种说法都很可疑。唯一比较靠谱的,是据说由当时首都临安的国立大学的优等生陆某所作的节本,然而他的真实情况也不甚明了。总之,只有向市场供应各版本的节本,并令之普及的是建阳的出版业者这一点是确凿的。

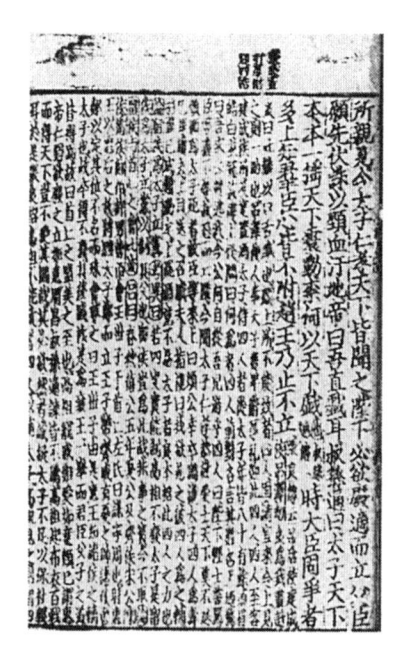

宋代的《通鉴》节本(日本国立公文书馆藏)

在北方,通鉴的节本也获得了一定程度的普及。据金末元初的文人元好问(1190—1257年)记录,当时武将间流行"讲说记诵"通鉴,节本也随着这股风气从南方传至当地,在金、元两代的出版中心山西平阳也有刊行(《遗山先生集》卷三六《陆氏通鉴详节序》《集诸家通鉴节要序》)。这种情况下节本的用途,比起作为应试书籍,在编写评书故事时作为参考书要更多一些。节本的编排里虽会出现满不在乎地跳过好几年内容的情况,但著名的故事基本上还是会点到的。节本中《资治通鉴》原本编年史的性质有所减弱,而更偏向历史寓言集。元朝政府因其适合当学习历史的课本而关注到通鉴节本,在收录了元代法令的《元典章》(卷二一)中,节本之一的《通鉴节要》被列为应译为国语蒙古语给蒙古人学校使用的文献。

到后来,通鉴变得容易入手,这些"节本"也完成了自己的任务,到如今更是见不到了。不过,节本在当时可以说是尽到了"代用品"的作用。翻阅传世的节本,便知道它们的内容多是东拼西凑。要么是书坊在重印的时候发现版木有磨损,就拿其他版本的版木来填补,要么一开始就是把不同版本的版木凑在一起,拼成一部书,还有版木所有者拿其他版的版木来补配手里缺卷的版木。这些节本印刷粗劣的部分非常之多,读起来非常费眼睛,让人翻着翻着就视力模糊,[②]不过就是凭借这样廉价的印刷,这些书才能在当年充斥市场。

通鉴的嫡子

面对出现在市场上的以应试为主要目的的《通鉴》节本,

[②] 关于宋代节本在日本的收藏情况,可以参考尾崎康「日本現存宋元版解題史部(上)」,『斯道文庫論集』第二十七辑,1992年。

有一人一面为《通鉴》篇幅的浩大而苦恼，一面开始摸索其他形式的解决方法。这人正是朱熹。即便是传说中记忆力过人的他，也很难在脑海里将《通鉴》错综复杂的内容完全整理清楚。

《通鉴》的缺点之一，是囿于编年体的形式，同样一个事件常常被分到几处来讲。而生于毗邻建阳的建安县的朱熹友人——袁枢，他所撰的《通鉴纪事本末》，则通过将分散的叙述以各事件为轴重新分类整理的方式，解决了这个问题。朱熹对这部作品表示了赞赏（《朱文公文集》卷八一），同时也在思索能让《通鉴》的内容以本来编年史的形式被人们记忆的方法。他思索的结果便是这本《资治通鉴纲目》。

《纲目》首先将《通鉴》的卷数精简到了五分之一。而比精简更重要的是，书中将每个事件的重点作为"纲"，用大字印在每节最初（也称"提要"）；以详细解说作为"目"（排版上采用了双行夹注的形式。也称"分注"），用小字印在纲后面。"纲"可以说是起到了标题的作用。不过，这些"标题"并非随意择取。首先，其中每一个字的用法都经过了相当的斟酌。比如当言及某人去世，书中对正统君主用"崩"字，若该君主已不在位则同对普通人一样用"卒"字，对于蛮夷的君主或盗贼则写作"死"。另外，对大字/小字的使用区分同样也出现在年号里。大字表示正统王朝，此外则用小字。

虽然朱熹在自序中讲到，此书是为备忘而作，但在实际编撰过程中超出了预期，《纲目》的编辑工程逐渐往周密、大规模的方向发展。该书的原稿在友人与弟子的手中几度往来，不断被校阅修正,其结果是付梓的时间被一再拖延。在朱熹写下序文,或者在他考虑把完成的作品进献给喜爱通鉴的孝宗皇帝的时候,《纲目》距完成本来已经只有一步之遥。但朱熹仍不知满足地把工作继续了下去。到头来这部作品究竟是何时完成的,其实无人知晓。

《纲目》在朱熹生前并未刊行,初版的面世是在朱熹离世二十年后的嘉定十二年(1219年),地点是在福建大儒真德秀的任地泉州。真德秀虽非朱熹亲炙弟子,但确是为传播朱熹学说做出了相当贡献的一人。他在端平元年(1234年)作为端平更化的象征被召进京——可以推断,《纲目》正是在此时被献给理宗阅览的(《郡斋读书附志·纲目论断》)。《纲目》在泉州刊印时的版木被位于国都临安的国子监留藏,以备重版,江西的吉州、四川的夔州等地也有刊行。由此可以认为该书在当时具有一定的普及度。③

作为衡量《纲目》在当时社会上渗透程度的标尺,下文将以建阳人刘达可所编,淳祐五年(1245年)序刊的《璧水群英待问会元选要》为例。这本书里有几处将《通鉴》与《纲目》进行了比较。该书卷七《圣学门》中,对"通鉴的扣分点"进行了论述。接下来,我们来考察一下其中关于"没有讲到四皓的功绩"的论述。

所谓"四皓",是指汉高祖刘邦欲让宠妃之子继承皇位时,

---

③ 参考严文儒《〈通鉴纲目〉宋元版本考》,《华东师范大学学报(哲学社会科学版)》,1999年第三期。

张良受吕后所托，为保全太子地位而动员的四名隐士。《史记》记载，高祖在得知太子背后有贤人辅佐后，放弃了废太子的想法。《通鉴》虽在别处记述了"四皓"的事迹，但只因来路不明的老人的几句话，高祖这样的英杰就改变了心意，这种事听起来有些荒谬，所以《通鉴》将"四皓"与废太子的事情分开叙述。而《纲目》大概是为了宣扬尊重有德隐士的高祖的贤明，在书中重又引用了这个故事。"隐者与帝王"，历来是中国史中被格外钟爱的主题。

那么，《通鉴》对这么一个难得的好故事做了精简处理，是否可以认为是此书的一处缺陷呢？《圣学门》中做出了如下解读："老人们成功保全了太子的地位。这种事虽然听起来不错，但实际上必然存在为父的高祖被逼迫的情节。也就是说，因为此事实质上让儿子犯下了威胁父亲的罪行，所以司马光才没有录入。此处需领会作者'作史之微意'。"

不过，《圣学门》也没有忘记对《通鉴》中存在的瑕疵做出指摘。"对扬雄（西汉末年的大文人。曾效力于'逆臣'王莽是他的污点）与荀彧（作为曹操的参谋，在将汉帝傀儡化的过程中起到了先锋的作用，但了解到主人篡权的野心后郁愤病死）表现出同情的态度是不对的，像《纲目》那样明确他们的罪行才是正确的。"然后，《纲目》在"纲"中写到"莽大夫扬雄死"，对于此处强调扬雄为王莽之臣，且不用"卒"而用"死"字以对其加以笔诛，作者表示赞赏。对于以曹魏为正统的《通鉴》，作者以其为误，又论：按"春秋之法"以蜀汉为正统的《纲目》是正确的。

不过,卷四二《儒学门》中,为《通鉴》辩护的色彩却又变得浓厚。作者说,以魏为正统,是因为蜀汉王朝比魏成立得晚且又灭亡得早,所以只是考虑到编年上的方便才那么写的。那么,对诸葛孔明继承离世主君的遗志"进入"中原的行为,《通鉴》又为何以其为"侵略"("寇")呢?司马光特意保留《三国志》所用的"寇"字,是为了将著者陈寿(站在魏的立场写作)的"曲笔"昭示天下。作者虽然给出了这样的解答,不过恐怕显得有些勉强。

为什么会出现这样的前后差异呢?或许因为本书也是一本"类书",是为了帮助太学生("璧水群英")应付考试中的论述题而作。所以不同答案风格有所不同,也是正常的。另外,《通鉴》的完成也得到不少来自皇上的支持,所以数落"通鉴之失"还是点到为止比较好。

其他类书中也能看到(如《山堂考索》前集卷一六)将《通鉴》与《纲目》作比较。这意味着在与应试相关的领域,《纲目》逐渐受到注目。朱熹要是还活着的话,想必会对自己的书变成"考试中会出的纲目"一事相当意外。

不过能直接在考试中派上用场的,还是那些节本。《纲目》即便曾在考试中出现,也不过是提到它和《通鉴》在论述态度上存在的差异。说得极端一些,如果只是为了应试,只要把握住这一点差异就可以了。这大概是当时对《纲目》比较普遍的态度。

懂行的读者

不过,还出现了成天认真研读《纲目》,用好像朱先生附身了一样的口吻,对"纲"的"微意奥义"进行一字一句的解读的人物。此人便是距离建阳不是很远的浙江遂昌的尹起莘。关于不曾供职官府的他的事迹,几乎没有可以参考的记录。他的著作《通鉴纲目发明》的完成年代也不甚明了。目前可以确认的,仅有四川朱子学派重要人物魏了翁(1178—1237年)为此书写了序文(《鹤山大全集》卷五六),及此书在1240年前后被进献给了朝廷(《郡斋读书附志》)这两个线索。宋末,赵孟頫的朋友周密(1232—1298年)曾指出《发明》中的几处误解(《齐东野语》卷一三《纲目误书》),由此可知《发明》在宋末引起了一定反响,不过考虑到社会整体对尹起莘认知度之低,恐怕当时《发明》并未被广泛阅读。

虽说《纲目》把卷数压缩到了《通鉴》的五分之一,但仍有五十九卷之多,当然会出现不够周密的地方。问题在于,尹起莘却连这些作者的疏忽都不放过,试图从中读出褒贬的寓意。在周密看来,这种行为非常奇怪。不过尹某明明连直传弟子都不是,却用着"试图重现老师所言的真意"的气力,让人不得不觉得有点厉害。

实际上通过朱子文集中所收录的书信,我们可以了解到《纲目》的编辑过程是一项和弟子、友人不断交流手稿来进行的团体工作,并没有证据表明"纲"中的一字一句都由朱熹最终确定。不知尹起莘对这样一个过程是否有认识。总之他赋予了"纲"绝对的无谬性,并试图解明每一个"大字"中所蕴含的深意。

能够了解朱熹真实意图的线索,只有乾道八年(1172年)

朱熹本人所写的序文。文中虽然确实讲了重要的内容,但说得非常简单。而且,在写下序文的时候,还觉得"编书的日程安排已经有眉目了"的朱先生,结果到了晚年还在继续着这本书的修订工作,由此看来,在当初的思想方针上做轨道修正也并不奇怪。事实上,好几位朱熹弟子都记录了老师晚年关于"蜀不一定要是正统"的发言(《朱子语类》卷一〇五)。尹起莘恐怕不知道,老师的想法也会有游移。

在《发明》问世后又过了一段时间,咸淳元年(1265 年)有关《纲目》又发生了一件事。朱熹的二传弟子、浙江金华的学者王柏(1197—1274 年)发现了先生朱熹自己所写的相当于阅读指南的"凡例",又在朱熹弟子赵师渊的文集中发现了数封朱熹指示赵师渊进行编纂工作的书信。这些新发现的资料随后被王柏公开刊行。

这份"凡例"中,明示了从"正统"开始《纲目》中的各"纲"字句用法的原则。朱熹的编辑方针非常周密,对一字一句都有关照。这点由此变得更为明了。有这份"凡例"在的话,尹起莘那种多管闲事的行为就完全没了存在的必要(虽然他应该并不知道"凡例"的存在)。

但不知为何,这个发现没能引起话题。王柏之后,文天佑在安徽宣城将"凡例"公开出版的时候(参考本版中出现"朱子序文百年后"的字样,可能是 1272 年左右的事情)也是同样的情况,再版的时候还是一样。到了元代,相同的情况依然持续了相当长一段时间。花费三十年的岁月解读"纲"而写成《纲目书法》的江西吉水人刘友益(1248—1332 年)也不知道"凡例"的存在——可以通过他儿子在1336年写下的跋确认此事。另外,正如书名所示,《纲目书法》的中心在于说明《纲目》的书写、叙述方法。在这一点上,此书和《发明》是一样的,不过刘友益似乎也不知道《发明》的存在。

而到了元代后期,"凡例"的存在开始被人们知晓。令世间广泛知晓此文存在的,是前文提到的倪士毅等人。倪士毅在至元五年(1339年)手抄了友人给他看的"凡例",刘锦文又在至正二年(1342年)将此刊行。又是经典的建阳/新安组合。顺便一提,从倪士毅那里看了"凡例"草稿的盟友汪克宽还写下了《考异》一文。

汪克宽在《考异》一文中,提出了为何"凡例"和《纲目》都是出自朱熹手笔却存在矛盾的问题,又在开头给出了答案:"因为先生不可能有错误,所以是手抄、印刷过程中发生了误脱。"对于把脱误当作圣旨,苦于如何解释而设置了例外规则("变例")的尹起莘的解读,汪克宽和周密一样对其进行了批判,认为那是一种牵强附会。不过周密认为是《纲目》本身存在错误,这一点上两人态度大不相同:汪克宽相比之下有较强的将《纲目》,尤其是"纲"部分的文本神圣化的倾向。

不过,这个"凡例"始终有一些不透明的地方。它被发现的经过不清不楚,朱熹自己和他身边的人也未曾提到过"凡例"的存在。因此,也有人提出"凡例"是伪作。[4] 虽然这样的

---

[4] 参考汤勤福《朱熹的史学思想》,济南:齐鲁书社,2000年,第五章"朱熹的史著编纂思想"。

判断没有什么决定性的证据，但从王柏就发现"凡例"而写的文章都没被收进他的文集来看，确实连他身边帮他整理文章的人都对这件事情很不重视。而通过其他史料可以确认，一位名叫文天祐的学者在宋末元初之间确实存在；不过目前没有方法可以查明他和《纲目》之间的联系。

总而言之，"凡例"的知名度在元代后期急剧上升。促成这个变化的，除了科举中对朱熹著作的重视，还有就是逐渐增加的围绕宋、辽、金正统问题的讨论。编纂三个王朝正史的时候，是把它们当作对等的王朝看待，编写个别的正史，还是以宋朝为中心，把辽、金的部分当作附录来处理——围绕这个问题，发生了不少议论和争执。"以宋朝为中心，把辽、金的部分当作附录"的论点的提倡者主要是南人。而最后，"平等处理三个王朝"的论点得到了采用，官修史书中采取了将几个政权的情况分开编纂的形式。日新堂刊印"凡例"的两年后，元代屈指可数的文人，绍兴籍的杨维桢（1296—1370年）以《纲目》为论据写下《正统辩》一文进献朝廷。他在此文中主张宋朝正统论，但并未被采纳。不过，《纲目》文本随着"凡例"的曝光而得以"完成"一事，对后世产生了很大的影响。

《纲目》的普及

元代，在倪、汪、刘三重唱的作用下，"凡例"和"纲"的位置关系终于确定下来，同时对《纲目》的研究也非常盛行。如集结了王幼学二十年研究成果的《纲目集览》在泰定元年（1324年）完成。不过,后世读者手中的《纲目》形态的确定,还要等到明代。

现在我们看到的《纲目》,前面先是朱熹的序文,后面跟着《纲目》相关人员所写的序文、识语,最后一篇序文则是"华盖殿大学士杨士奇"所写。能够得到明代相当于首相的内阁大学士的认证,怎么看都让人觉得《纲目》拥有相当的权威性。其实,这之中有蹊跷。

宣德四年(1429年)所写的杨士奇的序文,结尾这样写道:

> 英国公(张辅)在阅读陈济的遗稿后,表示赞叹,并令之付梓。建阳尹张光启拜托书肆的刘宽将"发明""考证""集览""考异"作为《纲目》的附录一同出版,而他知道"正误"的存在,在其建议下"正误"被一同编于卷末附录之中。这份用心很好。

这篇序文前面大部分内容,都收录于杨士奇的文集(《东里续集》卷一四),并非假冒。不过,文集中所收录的文章题目是《通鉴纲目集览正误序》。正如题名所示,原本这篇序文的对象,是纠正了王幼学《纲目集览》错误的明初陈济所作《通鉴纲目集览正误》。而前面引用的这段提及各版注释的文章里,"建阳尹"往下的部分在原文中并不存在。当然,收进文集的时候,对原文的细枝末节及不合适的部分做删减的情况也时有发生。不过这里就不是这种情况了。"张光启"往下的内容,显然是后来安上去的。

那是谁做的手脚呢?正是建阳的出版商。建阳方面在做书时,将已有的《纲目》研究附载在正文之后,又为了给书镀金,借用了杨士奇的《正误序》。做这版书的主要负责人叫作刘剡,是前面提到的刘锦文的同族之人。⑤ 在此之前的《纲目》研究,都是把握好先行研究,再进行自己独自的讨论,每个研究形式上都是一份对《纲目》(或者"纲")正文的笔记。而刘剡做的,则是把它们整合到一册书里。这是把宋代本来各自成册的各版本《史记》注释,一起混排进正文的建阳传家本事。

另外除了前面讲到的刘锦文和倪士毅的合作("凡例"),建阳方面还有在至顺元年(1330年)出版王幼学《集览》、洪武二十一年(1388年)出版尹起莘《发明》的业绩,⑥有这些作为基础,编辑新文本的时候就比较好弄了。

实在做事的人

刘剡参与到通鉴家族历史的行为不止于此。《少微通鉴》的刊行,他也出了一把力。据他说,这本书因他和学者王逢的相遇而诞生。王逢从老家江西鄱阳第一次去建阳,是永乐十五年(1417年)的事。两年后,他又带着情同师父的朱公迁的《诗经集传疏义》书稿出现在建阳,并将"群书五十余帙"当作进行增补作业时的参考资料开始了工作。这次来访大概也是为了出版的商谈。比起收集散落在各处的资料,本人移动到书籍集中的地方

---

⑤ 参考方彦寿《建阳刘氏刻书考(上)》,《文献》1988年第二期;《建阳刘氏刻书考(下)》,《文献》1988年第三期。
⑥ 建安书市洪武二十一年(1388年)刊《发明》藏于美国国会图书馆(影印本藏于东洋文库)。

比较好做事情。刘剡就是这时和他认识,并做了他的弟子的。

两人聊到史学的时候,王逢说有一本叫《少微通鉴》的书,堪称学习历史的捷径,很适合做入门朱熹《资治通鉴纲目》时候的参考书。对此,刘剡表示希望一定要拜读一下,王逢便拿出了自己为这本书做的注释("释义")。之后刘剡将王逢的注释编进正文里,以"承师命,正其统纪(指加进《纲目》的正统论)",而注意到这部作品的民间出版商最终将其出版。

刘剡先前以"宗公"刘恕的《通鉴外纪》为基础作过一本《外纪增义》。刘恕是司马光编纂《资治通鉴》时的助手之一,《外纪》是其副产物。《外纪》主要讲"本编"往前的古代史(从传说中的帝王伏羲到春秋时代)。"宗公"如果照字面理解,则刘恕应该是刘剡一族的先人,不过这很可能只是附会。后来《外纪增义》和《少微通鉴》的套装,由刘剡的从侄、当时建阳的大书坊翠岩精舍掌门刘文寿出版。⑦

那么,《少微通鉴》又有怎样的来历呢?南宋嘉熙元年(1237年)江镕(似乎是少微先生的后裔)所作的序文说明如下:

> 北宋末,生于崇安(建阳的邻县)的学者江贽作《资治通鉴节要》,子孙将这本书世代相传。乾道年间(1165—1173年),进士江默把这本书给老师朱熹看了,朱熹对此书称赞不已。因为有朱熹的背书,这本书被人们争相抄写,其子孙江渊又对书进行了增补。后来在读过这版书的读者的建议下,这本书出版了。

---

⑦ 根据日本国立公文书馆藏本中宣德三年刘剡识语。

关于江贽的身世,有记载说政和年间(1111—1117年)因为处士的象征——少微星的出现,官府在寻找遗才时选中了江贽,不过他并未赴召。不过他反而因此声名大涨,之后被人称为少微先生(《大明一统志》卷七六)。

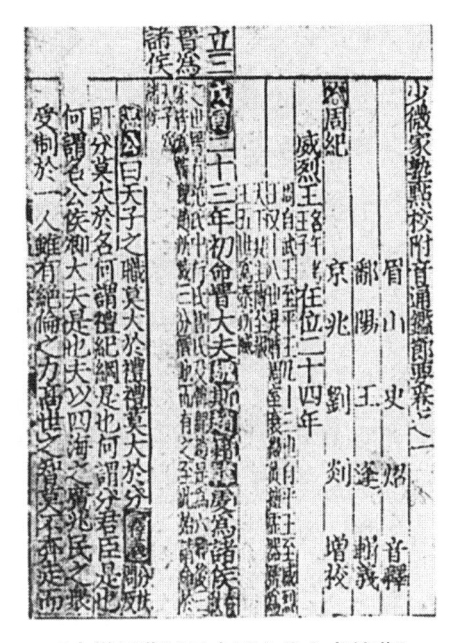

《少微通鉴》(日本国立公文书馆藏)

然而现在不要说宋版,《节要》元版是否存在都没能得到确认。虽然元朝时《通鉴节要》被翻译成了蒙古语,但我们不能保证这里的作者是少微先生。有看法认为,江镕的序文是伪造的,只为让这本书看起来更古。这种可能性很高。[8]

不过这本有些来历不明的《少微通鉴》,是经由王逢和刘剡之手而得以普及这一点确凿无疑。从正统六年(1441年)

---

[8] 王重民:《中国善本书提要》,上海:上海古籍出版社,1983年,第101—108页。

成书的宫中藏书目录《文渊阁书目》中"有三本"的记录来看，这本书很早就来到了皇帝身边。

不仅如此，李氏朝鲜针对官吏的汉语考试的教科书一览里，也出现了《少微通鉴》[《世宗实录》卷四七，世宗十二年（1430年）]。因为明朝禁止史书出口只是表面上的政策，这里的书恐怕是作为给出使北京的朝贡使节的赏赐品而流入朝鲜的。这里可以看出《少微通鉴》已经成了官方承认的存在，这是建阳产书籍才有的普及速度。

后来中国历代皇帝中屈指可数的怪人明武宗（1506—1521年在位）也注意到了这本书，并令宫中负责刻书的司礼监重刊此书，甚至亲自给书写了序文。会自己扮成将军，和蒙古军队打仗的时候亲自上前线指挥，有时又会扮演藏传佛教的高僧……武宗这个忙于自己的"变身爱好"，时常不在皇都而让臣下手忙脚乱的大好人，可能这次突然想要演一下认真的好皇帝。总之这本书有了皇帝的认证。不过即便没发生这些事，《少微通鉴》也已经有了相当的影响力。

《少微通鉴》被带回朝鲜后不久，当地制作了它的活字版，并传到了日本。不仅如此，巴黎的法国国家图书馆收藏的汉籍目录中，第一章"历史"第二节"编年史"中，列出了几种《少微通鉴》，其中还能看到1840年的安南版（《新刊补正少微通鉴节要大全》）。也就是说，此书在越南也有出版。⑨

---

⑨ M. Courant, *Catalogue des Livres Chinois, Coréens, Japonais*, etc. tome 1, 1902, pp. 313—315.

这里还要提一下，刘剡也对在我国认知度较高的《十八史略》做过加工。元代曾先之最初编撰的是二卷本，而七卷本的普及版则是刘剡所作。⑩

《十八史略》在朝鲜王朝也有活字本刊行，并传入了日本。不过，要说在中国本土的影响力，还是《少微通鉴》更胜一筹。总之，这两本具有较大影响的通俗历史书，刘剡都经手过。

通鉴的庶子

那么《少微通鉴》在内容上有什么特征呢？可以说，这本书并非仅仅给之前的"节本"做做旧，然后加上一些语义的注释那么简单。

借刘剡的话说，这本书首先做的就是"正统纪"。《通鉴》将周、秦到五代的十六个王朝分列，作为其编年体叙述的支柱。不过，《少微通鉴》特意将秦的部分分成了"秦纪"和"后秦纪"。书中采用了秦始皇并非秦国王室的血脉，而是将自己的女人献给了王子的吕不韦之子的说法，因此认为王朝就此断绝。另外，东汉（我们一般所说的后汉）之后，书中还另设"后汉"，这是由刘备"再兴"的"汉"。《少微通鉴》一改《通鉴》以曹魏为核心的叙事，而将叙事中心改为后汉。书中的改编，一部

---

⑩ 关于此书的流布状况，《十八史略》（东京：明德出版社，1968年）收录的市川任三所写的解说介绍较为详细。另外关于元代《十八史略》的影响力，可以参考宫纪子「鄭鎮孫と『直説通略』（下）」，『中国文学报』第五十八册，1999年。

分可以说是来自《通鉴纲目》,不过对秦朝的分割应该和朱熹没什么关系。朱熹本人对血统之类的问题并未进行过什么议论。另外,刘剡继《少微通鉴》之后,对《十八史略》的统纪也进行了"修正"。这也是《十八史略》七卷本的一大特征。

其次,刘剡不仅将《通鉴》没有讲的战国以前的历史放进《外纪增义》以补足,还准备了介绍宋、元两朝的续编。《少微通鉴》的续编和正编一样由翠岩精舍刊行。

而该续编的蓝本,是元末明州(浙江宁波)人陈桱所著《通鉴续编》。这本书也涉及了"正统"的问题。陈桱也是对辽金宋三史并存这个结果感到不满的众人中的一位。《节要续编》采用此书的内容,简直等同于以南宋为正统,而视辽、金为闰位。

不过在被说是和正编一样继承了《纲目》精神的《节要续编》中,可以看见一些相当敷衍的地方。比如说,最要紧的正统问题都没处理好。在凡例中,开宝五年(972年)往后的年号都被用大字写出来,以表示自此都是正统,做出好像是承袭了《纲目》的样子,可这年只是禅让给宋朝的五代后周的皇帝驾崩了而已。要从《纲目》本来的逻辑来看,天下统一是最紧要的,皇帝个人血统的断绝只是细枝末节的事情。把无统的五代时期的皇帝当作问题来讨论,本来就没什么意义。实际上陈桱的《续编》,以平定诸国的太平兴国四年(979年)之后为正统。这里和本编处理秦始皇问题是一个逻辑:比起政治上的统一,更看重皇帝的血统。

总而言之,《节要续编》虽然是本编得相当粗糙的书,但它和"正编"一样被宫里翻刻,在朝鲜被制作了活字本,也传来了日本。暂且不论其质量,这本书的特征和价值在于,它是一本包括了宋乃至元朝历史的通史,其中又实现了南人所希求的,不同于辽→金→元的宋→元的历史叙述。把它和"正编""外纪"合在一起,就成了一部编年体"中国通史"。

另外,光从《节要》套装的轻便程度看,它的最终普及程度比《纲目》高也并不令人意外。

《续纲目》出版的背景

话题回到《纲目》。要说曾经最为普及的《纲目》,还要数被称作"七家注"的版本。所谓"七家注",除了前面提到的尹起莘《发明》、刘友益《书法》、王幼学《集览》、汪克宽《考异》,还要加上元末徐昭文《考证》、明初陈济《集览正误》,还有序写于成化元年(1465年)的冯智舒《纲目质实》。而把这"七家注"编入《纲目》各条内的版本,则于弘治十一年(1498年)由建阳刘氏慎独斋刊行。不过,在讲出版经过前,让我们先来稍微看一下《纲目》获得皇帝的正式"认证"的前因后果。

热心引入中国的文物,尤其是朱子学著述的朝鲜王朝,在建国之初就对《纲目》情有独钟(《李朝实录》中有多处讲到明朝下赐《纲目》的事情),以主持创制谚文而闻名的世宗大王(1418—1450年在位),曾用铅、铜活字刊行《纲目》。[11] 不过,本家明朝这时还未推出钦定版。

---

[11] 张秀民:《中国印刷史》,上海:上海人民出版社,1989年,第769页。

终于出现由宫中刊行的《纲目》，是成化九年（1473年）的事。之前虽有以经过南宋杭州国子监→元代西湖书院→明代南京国子监这样的传承路径的版木刊行的《纲目》，但并不能算是钦定版。

那么，成化九年这个时间出现钦定版代表了什么呢？首先可以从这件事看出，当时的宫廷对文化领域的面子工程有需求。成化帝及其后的弘治帝的统治时期，是后来被合称为"成弘之世"的稳定成长期，不过和永乐时期比起来就显得有些平淡。要说"经"，当时已有"大全"在先。接下来官方要出书的话，自然就是"史"了。不过，只单单出一些装帧精美的版本会显得没什么水平。

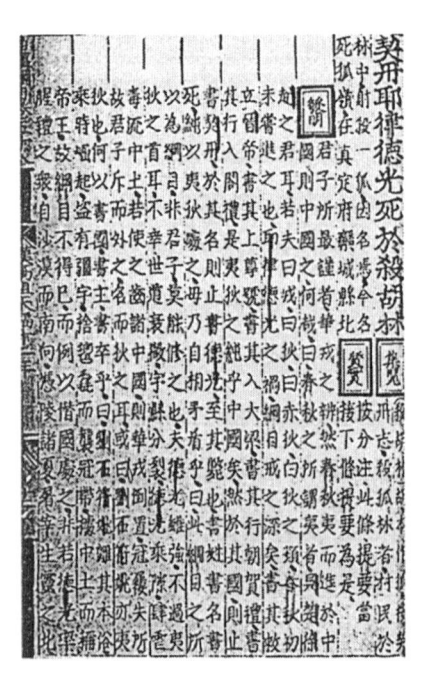

《纲目》七家注本（日本国立公文书馆藏）

于是，如皇帝在《御制序》中所宣言，"因《考异》《考证》一类民间《纲目》研究中有做得不够的地方，便参照'凡例'去除不确定因素，在收集诸善本的基础上加以校订制作了定本"。在这个钦定版中，作为夹杂物的注释被全部去掉，《纲目》恢复了原本清爽的样子。在这一点上，钦定版和民间版划清了界限（不过，宫中另外单独刊刻了《发明》《书法》）。

在此需要注意的是，三年后又有《续资治通鉴纲目》出版。作为《纲目》的续编，此书所讲述的时代以宋元为主，内容则完全是新编的。王朝的政府，虽然原本有编纂前朝"正史"的责任，但编写横跨两个朝代的史书并不是必要的。

这么做的动机，果然还是有"正统"问题在里面。而作为时代背景不得不考虑的，是正统十四年（1449年），皇帝在亲赴和蒙古打仗的前线时被捕，成了俘虏这一事件（"土木堡之变"）。与宋徽宗时候不同，此时政权本身还是相当稳固的，但这件事还是给朝野带来很大冲击。也是从这个时候开始，明朝的"夷狄过敏"开始加重。

实际上早在景泰六年（1455年），就已经有了《续纲目》的编纂计划。其原因，可能还是在于需要通过此书重新确认宋朝的正统性。出书的顺序虽然是先"正"后"续"，但明朝政府的重点其实是在《续纲目》上，《纲目》钦定版可以说只是个打头阵的。

不过就像前面提到的，在《续纲目》编纂计划出现之前，已经有了"宋元通史"。关于先行书的存在，皇帝在序中完全没有提及，恐怕这是佯作不知。

与《节要续编》不同,《续纲目》的编者都是些有名的高官、学者,让人感觉两者质量不可相提并论,《节要续编》连体裁都不是"纲目体"。不过两者参考的史料是共通的,对照着读一下会发现其实内容也没那么不一样。《节要续编》虽没有纲、目的区分,却像前面讲到的一样把"正统"的所在特别标示了出来。而《续纲目》虽然用大字写了"纲"、小字写了"目",却没有对两者意思上的区别进行"发明",结果书中的"纲目"单纯只是字体大小的不同。另一方面,令官府制作的《续纲目》得以普及到世间的,还是建阳人。

《纲目》普及版

令《续纲目》在世间普及的,是慎独斋刘洪(字弘毅)。他是刘剡一族的后生。

在前面讲到的书坊街火灾发生之后的时代,慎独斋的活动其实非常引人注目。例如,弘治十七年(1504 年),慎独斋翻刻了官修全国地理志《大明一统志》(1461 年),正德四年(1509 年)刊行了全新装帧的《新刊古本少微先生通鉴节要》,又复刊了《宋文鉴》(1518 年)、《文献通考》(1519 年)等宋代的大型类书。还有很多其他的慎独斋刊行书籍流传到了现在。这些书都是些并不便宜的"正经"(其实还是难以否认和科举的关联性)书,这可以理解为对火灾后官府加强管束的一种响应。

正德十一年(1516 年),吕祖谦《十七史详节》被复刊。虽然宋代的《通鉴》节本也有冠吕祖谦之名的,不过《十七史详节》不同,它是纪传体正史的摘要本。不管是那些《通鉴》节本还是《十七史详节》恐怕都是伪托吕祖谦,《十七史详节》更是自称"十七史"而实际上只讲了"十史"。不过从《三国演义》作者都参考了此书可以看出,这本书在当时应该有相当的影响力。⑫ 从刊记中"七十三翁刊行"的字样来看,应该是他晚年的成果。

不过,他的出版活动中对后世影响最大的,还是《纲目》《续纲目》普及版的刊行。

这两本书能够问世的前提,是此前已有刘剡的工作,以及在江西的学校任监督官、对教育很热心的福建朱子学者黄仲昭(1435—1508年)所编"六家注"本的完成。弘治十一年(1498年),慎独斋在此基础上加上了同是建阳人的冯智舒的《质实》,便成了"七家注"本。《质实》的内容,从始至终大半都是对地名的说明;其中引用的内容又多是来自《大明一统志》。和六家注这些至少是在熟读《纲目》的基础上才做的研究不同,《质实》可以说不过是机械劳动的成果。不过,在合集中加上这么一本,观感上的量感会大大增加。慎独斋虽然声称将七家注合编是由黄仲昭想出来的,不过这并不像是踏实学者会参与的事。和之前刘剡所做的一般,"七家注"中的序文被

---

⑫ 小川環樹:「三國演義の本づいた歷史書」,初次出版于1952年,收录于『中国小説史の研究』,东京:岩波书店,1968年。周兆新:《〈三国演义〉与〈十七史详节〉的关系》,收录于《三国演义考评》,北京:北京大学出版社,1990年。小川在书中指出此事。而周书中解明了比起叙述部分,《三国演义》的参考对象主要是《十七史详节》的论赞部分。

做了手脚,⑬在黄仲昭完全不知情的情况下,这本书被做了出来。

不管策划过程内情如何,这本"七家注"成了日后普及版本的源流一事,显示出了慎独斋的力量之大。不像官府刊行的钦定《纲目》,慎独斋版本一下子就普及了。到了江户时代,日本的儒者手头拿的,也多是七家注系统的版本。很难说作为教科书,这个版本要优于其他。不仅如此,都怪"七家注",好不容易"减肥"的文本,又被套上好多层衣服而变得臃肿。不过,正如林罗山*在给"七家注"加完朱点后表露出的充实感一般(《罗山文集》卷五四),朱熹所写的正文被诸注释厚厚包围的构造,可以表现出朱子学的权威,这大概正是一些人想要的感觉。对此觉得很繁琐而把《纲目》贬得一钱不值的荻生徂徕(《经子史要览》),果然还是一个比较例外的"近代人"。⑭

我们的先祖接触到的《纲目》是这个版本,并非因为他们身处东海的乡下。与徂徕同时代的清朝的康熙帝,也是一位《纲目》的热心读者。而令康熙帝想到刊印满语版的,也是继承"七家注"血脉的版本(明末陈仁锡评阅《纲目全书》。这本书是在《纲目》前面加上明代后期名为"南轩"的作者所著《纲

---

⑬ 将美国国会图书馆藏(东洋文库有影印版)黄仲昭刊《纲目》的后语,和慎独斋本建阳县知事余以能的序文放在一起比较,可以发现后者用了前者中的文章并做了手脚,让人以为好像是黄仲昭把《质实》编进去的。

* 林罗山(1583—1657年),日本江户时代初期著名的朱子学派儒学家。——译者

⑭ 关于江户时代《纲目》的接受过程,参考中山久四郎「朱子の史学特に其の資治通鑑綱目につきて(上)」,『史潮』第一年第三号,1931年;「朱子の史学特に其の資治通鑑綱目につきて(下)」,『史潮』第二年第一号,1932年。

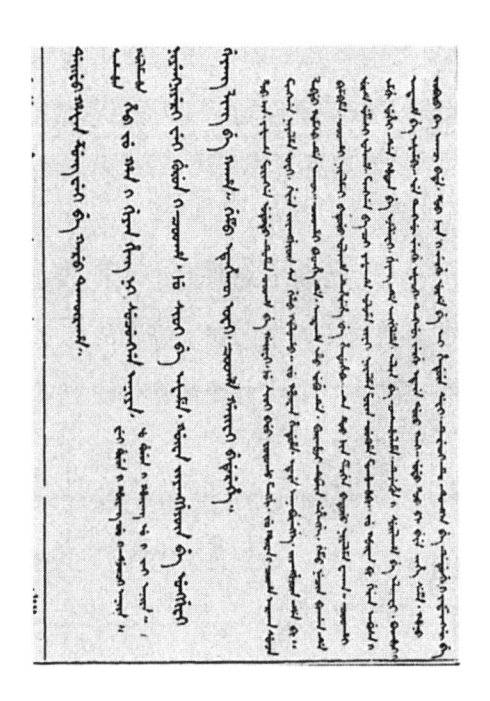

《纲目》满文本（日本国立公文书馆藏）

目前编》，后面加上《续纲目》的"纲目"套装）。

慎独斋后来还刊印了《续纲目》。弘治元年（1488年），国子监学生张时泰将《续纲目广义》进献朝廷。此书和《纲目》的"发明""书法"是同类内容。政府对此很欢迎，笑纳此书，皇帝还对此进行了褒扬。

十年后，杭州余杭县只是学生的周礼将《续纲目发明》进献给朝廷。因为没有现存的对应"褒勒"，官方当时对此怎样反应目前无从知晓。总之，慎独斋在弘治十七年将两种注解编入正文各条之中并将其出版，令一个本来不足道的学生的名字因此为世间所知晓。

周礼（号静轩，字德恭）是个小众人物，以小说《三国志》为代表的在建阳刊行的历史小说(《隋唐两朝志传》《残唐五代史演义传》《南北两宋志传》等)中,不时会引用他的"咏史诗"。他也因此受到了文学研究者的关注,不过关于他的生平我们并不明了。⑮

总之,以完整形态流传下来的周礼作品,只有《续纲目发明》。传播这位解说官修史书的乡下儒者的名字的正是慎独斋,而静轩先生的名字也令之后建阳发行的史书和小说的内容更加丰富。

和祖父康熙一样是"纲目"套装热心读者的乾隆帝,注意到了"周德恭"这个名字。《续纲目》中含有歧视夷狄的内容,而详细解说正文的周德恭的文字中流露出的歧视色彩自然更加浓郁,皇帝对此不生气才怪。结果是有关叙述被下令删除。皇帝能如此在意一个凡庸学者,正因为有慎独斋干的好事。

史学的通俗化

正如周礼这样的存在所象征的,建阳系的史书和历史小说的密切关系近年被逐渐解明。明代后半叶的历史小说,有很多标题中打上了"按鉴"两字。有研究指出,这里的"鉴"指的不是《资治通鉴》,而是《纲目》《续纲目》或是明代后半叶一本接着一本出现的各种"纲鉴"。通过比较两者的文本,我们

---

⑮ 郑振铎:《中国文学研究》(上),北京:作家出版社,1957年,第218—222页。刘修业:《古典小说戏曲丛考》,北京:作家出版社,1958年,第66—67页。

可以看到史书承担了规范小说内容的责任,而小说同时又借用了史书的文字。⑯

那么"纲鉴"又是什么呢?按照字面理解应该是《通鉴》和《纲目》的合体,不过仔细一想,《纲目》本来就是《通鉴》的孩子,父子合体就很奇怪。不过,这里的"通鉴"其实不是本尊,而是前面讲到的《少微通鉴》。

《少微通鉴》对以年月和史书为单位的历史叙述满不在意地做了修剪,令整本书变得非常轻量,从而作为商品非常受欢迎。书名被加上"新刊"或"古本"等等,或是被添加注释,总之出现了被动了小手脚的各种版本。

不过,通过翻新达成的书籍销售是有限度的。另外,科举中重视史学的倾向日益增强,光靠《少微通鉴》逐渐难以应付。于是"纲鉴"编者们,打算通过同为节本而努力不破坏《通鉴》的编年体形式的《纲目》中的内容,来填补《少微通鉴》的空缺,且顺便可以蹭到《纲目》的权威性。另外,"纲鉴"还通过增补明人的史论,以期作为应试书没有遗漏。"纲鉴"的称呼中,"纲"在前这一点,将同是节略本而《纲目》的地位更高这一本质显示了出来,也表明了此时《纲目》已具有超过其父《通鉴》的权威性。

"纲鉴"虽然试图借用《纲目》的权威,内容上却没有表现

---

⑯ 高津孝:「按鑑考」,『鹿大史学』第三十九号,1991年。上田望:「講史小説と歴史書(1)」,『東洋文化研究所紀要』第一三〇册,1996年;「講史小説と歴史書(2)」,『東洋文化研究所紀要』第一三七册,1999年;「講史小説と歴史書(3)」,『金沢大学中国語学文学教室紀要』第三辑,1999年;「講史小説と歴史書(4)」,『金沢大学中国語学文学教室紀要』第四辑,2000年。

出相应的敬意。《纲目》中最为重要的，是大字、小字的区分。而大多数"纲鉴"，则马马虎虎地把两者混为一谈。其中，虽然也有煞有介事地通过在文章开头留出空白，来区分引用的源头是来自"纲""目"还是"鉴"的，不过总体上这些书对内容的态度都很随意。

虽有说法讲（《历史古本纲鉴补》凡例）最早制作"纲鉴"的人，是嘉靖年间的大文人唐顺之（后面会介绍），⑰不过实际上他参与进去的可能性近乎于零。制作"纲鉴"的主力军，是变着法子搞小动作的书肆，以及和他们有关系的下层知识分子。而"纲鉴"发端的时间，是十六世纪后半叶。

这些应试参考书，也在历史小说的创作中被参考。讲到中国的历史小说，除了我们首先会想起的《三国志演义》，还有各类以三国为题材的作品，其他时代也几乎毫无例外地被各种历史小说用作背景。"纲鉴"对于这些历史小说的作用，在于可以给各个事件提供时间框架，小说中甚至会直接借用"纲鉴"的文字。因此产生了很多荒唐无稽的故事与史书叙述的古怪融合体。以现在的角度来看，不得不说这些小说作为作品的完成度相当之低。

不过，这样评价也只是从文学作品的角度出发，实际上这些小说充分地尽到了"通俗"历史的作用——也就是向大众普及历史。供应了大量这类作品的建阳，在出版时采用了元代

---

⑰ 与并未有人发现唐顺之所编"纲鉴"相对，可以确认杨氏归仁斋隆庆四年（1570年）刊本的存在。参见谢水顺、李珽《福建古代刻书》，福州：福建人民出版社，1997年，第314页。

第三章　通鉴家族的繁衍

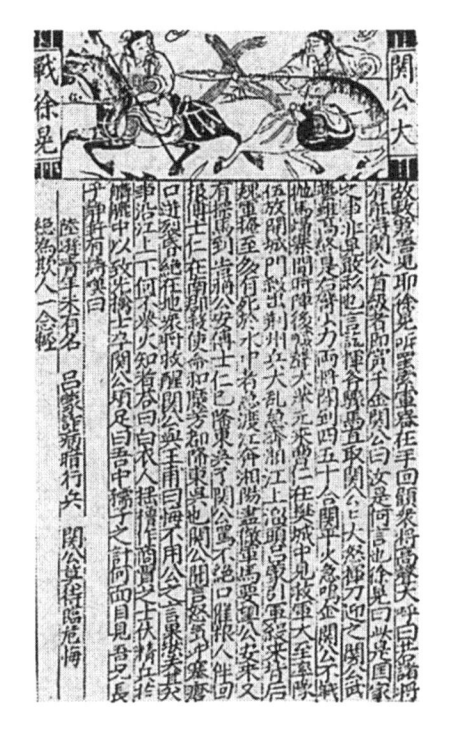

《三国志传》(古本小说丛刊,日本国立公文书馆藏)

以来的传统版式——上图下文式：在版面上方配置插画，下方则有文章。只是，这些插画并不能像漫画那样用来享用。首先，其中的人物长相没有被有所区分地画出来，因此很难区分人物。作为画册可以说是不及格。不过，插图两侧的方框里附有画题（也是对下方文章内容的总结）。这种标记，和建阳通俗史书传统的在栏外写题目是同一类型。虽然不论是文学还是美术上，这种标记方法都是一种半吊子的东西，不过在为志在科举的精英阶层以下的人群提供通俗的历史这一点上，它们发挥了作用。

俗之顽强

不过到了清代,不上不下的建阳产历史小说逐渐无人问津。人们开始讲究故事是故事,历史是历史。同是不上不下的"纲鉴"也在明末前后不再有新版刊行。与此相对,出现了回到《通鉴》原书的趋势。可以观察到试图和《通鉴》这个大部头正面较量的趋势在逐渐增强。这股风潮的背景里,有经明末苏州的"大编辑"陈仁锡(1579—1634年)校正的《通鉴》的广泛流通(他也是前面讲到的《纲目全书》的编者)。

不过相对的,《纲目》的价值却在此时逐渐出现磨耗。前面介绍过顾炎武祖父让顾炎武比起《纲目》尽量要读《通鉴》原书的事情。而不久后开始出现"《纲》也是出于弟子之手"之言,以及批判那些对并非朱子之作毕恭毕敬地长篇大论的注释家的言说。清代虽然也有康熙、乾隆这样的《纲目》热心粉丝,不过也出现了像王鸣盛(1722—1797年)这样对"凡例"的出身感到怀疑的人(《十七史商榷》卷一〇〇)。总而言之,这些现象都是"无需精简本"这种时代的表现。连《纲目》都是这样的处境,"纲鉴"如何自不必说。

不过,"纲鉴"还是顽强地生存了下来。确实,清代不像明代那样有多种多样的"纲鉴"被刊印出来,不过康熙年间有吴乘权《纲鉴易知录》这样的普及版出现(对今天的我们来说,"纲鉴"一族中,这本书依然是最易入手的一种)。关于这本书,岛田虔次(1917—2000年)曾指出:"士大夫们首先拿起的不是司马光的《通鉴》、朱子的《纲目》。"⑱由此可见"纲鉴"在中国的威力。

或是近代提倡"通鉴学"的张须（1895—1968年），他曾苦涩地回忆好不容易接触到《通鉴》之前，只能读"纲鉴"的过去。不过他回忆中所讲到的，为成熟知识分子所不屑的"村塾教科书"的顽强程度反而让人印象深刻。何况，虽说明代后期书籍流通发生了飞跃性增长，但对一般读者来说，比起"正史"、《通鉴》，还是《纲目》好读；而比起《纲目》，还是"节要""纲鉴"之类好读。

"纲鉴"中，有一种是假称由明末大政治家叶向高所编的《玉堂鉴纲》（此处"鉴"在前并非出于尊重底本，而是故意将名称颠倒前后，以图作为商品的差异化）。因叶向高是福建人，或许他本人对以自己名义出书的行为做出了许可，不过应该没有参与实际的编辑。不过，他在给别的"纲鉴"写序文的时候，曾讲过下面的内容：

> 学生时代，听前辈们讨论问题时，听到大家都是通过"经"来"习古"，并都引以为豪。不过，实际上《纲目》过于浩繁，难以通读。于是人们背诵"通鉴节略"来备考，考官也以此来判断成绩。因此，当时的士人能够通晓治乱兴衰。（《苍霞余草》卷五《纲鉴臆编序》）*

---

⑱ 岛田虔次：『アジア歴史研究入門 1　中国』，京都：同朋舍出版，1983 年，「序論」8「通鑑など」。

* "余为诸生，见先辈议论，多以通经学古为高。即纲目浩繁，不能遍览。若通鉴节略，必熟诵默记。学使者与有司试士，率以此为低昂。故其时士子，犹能晓然于历代治乱兴衰之故。"——译者叶向高年轻的时候,"纲鉴"还未问世。这里讲到的"节略"应该是《少微通鉴》一系的书籍。从他的叙述中我们也能看到,在当时的普通学生眼里,连《纲目》都显得烦琐。这篇文章后面感叹,最近的年轻人只热衷于写八股文,作者推荐他们去读"纲鉴",得到的都是"好厚,读不懂"的回应。虽说连"纲鉴"都是这样的下场,但不得不说它确实是用来了解"历代治乱兴亡之迹"很有用的工具。

被征服的传教士们

从外部见证"纲鉴"蔓延的,是耶稣会的传教士们。随着学习的深入,他们不得不对中国历史的悠久程度感到惊讶。他们至多不过六千年的"世界史"(比方说在《旧约圣经》的武加大译本中,创世也不过是公元前 4004 年的事情)拿来比较的话,一下子就被中国史的古老程度和详密的历史叙述压倒了。盘古以来,关于天皇、人皇、地皇的叙述可以不当一回事,但伏羲(卫匡国认为他在公元前 2952 年即位)以后的历史叙述则相当具体,不得不当作确切的史实来看待。与《中国新地图志》一同给欧洲带去丰富的中国情报的卫匡国作品《中国历史初编十卷》首版在 1658 年问世时,在欧洲引发了关于伏羲之后的帝王的存在与将"伏羲之后"发生的人类历史清零的"诺亚的洪水"之间的关系的大论争。[19]

---

[19] 冈崎胜世:『聖書 vs. 世界史』,东京:讲谈社现代新书,1996 年。更为详细的介绍,参见 V. Pinot, *La Chine et le Formation de L'esprit Philosophique en France*(1640—1740),Geuthner,1933。

那么,像"公元前 2952 年"那么精确的数字是从哪里来的呢?不用说《通鉴》,太古以来的通史《史记》中也没有出现过这个数字。正如通过计算《旧约圣经》中亚当一系的年龄来建立编年一样,这个数字是传教士通过历代帝王的在位年数倒推出来的。所用信息源之一,就有从伏羲时代开始讲起的南轩《通鉴纲目前编》。

这本书在明代后期成型,涉及太古史的部分受到了《少微通鉴》中"外纪增义"的影响。传教士们除了南轩还读了"纲鉴",也有直接参考"纲鉴"的可能性。[20]

司马迁面对黄帝之前的历史的不确定性,做了身为史家的自我约束,把《五帝本纪》放在了卷首(不过,后来出现了被附加了后人所作《三皇本纪》的通行本)。而对这种问题毫不在意,甚至煞有其事地试图追溯历史起源的"纲鉴",却在意想不到的地方造成了影响。

可以看到,由建阳发行并普及的史书的影响力既广且深。而这系列书籍的出发点,则是本欲献给皇帝而官制色彩浓厚的《资治通鉴》。《通鉴》先由南宋人处理成精简版以减轻其重量。而由出版商主导的节本,虽与朱熹师徒努力的结晶《纲目》同样出自建阳,但考虑到它们在编辑志图上存在高低之差,或许不应把两者相提并论。不过,要说两者毫无关系,却

---

[20] J. Witek, "Principle of Scholasticism in China: A Comparison of Giulio Aleni's *Wanwu Zhenyuan* with Matteo Ricci's *Tianzhu Shiyi*", in *Scholar from the West*, *Giulio Aleni S. J.* (1582—1649) *and the Dialogue between Christianity and China*, edited by T. Lippiello and R. Malek, Steyler Verlag, 1997.

也并非如此。两者为了将《通鉴》处理得更易于阅读,都通过对文字大小做调整,或是在书中添加标题,在整理上下了功夫。

《纲目》方面,建阳人之后也参与了"凡例"的追加以及七家注的整合。往后一点出来的《发明》《书法》中,也都可以看到关于"纲"的解读方法的指示。虽然在清醒的少数派或是今天的我们看来,其中有很多微妙的偏执想法或是误解,不过对于当时的平凡读者来说,这些书都是给他们指出朱子真意所在的航行指南。

"凡例"被加进书中,则有更大的意义。因为被放在卷首,"凡例"不仅仅是容易被关注到,说得极端一点,《纲目》的读者会因为仅一瞥"凡例"而产生明白全书意思的感觉。看一遍正文就会知道,文中到处存在着破绽。不过,那些问题只要交给纲目文本研究者就好了。而且,甚至连他们都被"凡例"折腾得只能尝试修改正文以适应凡例。

如果这个"凡例"不存在的话,《纲目》的解读方法应该会相当不同。一直到晚年,朱熹自己依然在苦恼怎么处理包括"正统"在内的诸多问题,因此很难下决断,只能以未完成的形态将《纲目》付梓。而"凡例"的存在却将正文固化成了完美无缺的文本。

另外,在因通鉴家族的繁衍而产生"中国通史"的过程中,建阳也起到了接生婆的作用。"节要"先姑且不论,"外纪""本编""续编"这三部曲,是到了"纲鉴"才被接合在一起。就这样,暂且不论首尾连贯性,"通史"完成了。"讲述太古以来的通史"这样的志向,起源于《十八史略》《十七史纂古今通要》《历代通略》(后面两部作品分别为胡一桂、陈栎所作)登场的元朝时期,杉山正明、宫纪子两位的研究阐明了这一点。[21] 而这些书还是比较简略的。具备适度量感的编年体形式的通史,果然还是始于"纲鉴"。

不过"纲鉴"的诞生,并非出于一面寻找文明的渊源,一面综观中国史这样的宏图。倒不如说,这些书都只是做了些廉价的黏合工作。不过也正因如此,它们是上层知识分子很难做出的把戏。

司马光让《资治通鉴》的时代从战国开始,是考虑到了《春秋》的存在。朱熹虽然建立了"纲目体"这样一个新的架构,但并未想要越出《通鉴》的时代框架。宋末学者金履祥《通鉴前编》与元末陈桱《通鉴续编》这些"通鉴家族"也对先人有所顾虑,只对前作或前或后的时代进行了增补。

而满不在乎地突破这种观念上的限制的正是"纲鉴"。从结果上看,它令通过整合"通鉴家族"而得以实现的中国通史能够问世。而正是这种"通史"才有的魄力才令传教士们为之拜服。以好卖为第一目标的建阳人,就这样在不知不觉中创造出了远超标价的附加价值。

---

[21] 杉山正明:第二章注 4 书籍第 61 页。宫纪子:第三章注 10 论文。

第四章　北虏南倭

《倭寇图卷》(东京大学史料编纂所藏)

自海的彼岸

上一章讲到的"正统论"与华夷思想的连结被加强的背景之一,是蒙古人的存在。到了十六世纪,来自他们的威胁则越来越强。不过对南人来说，蒙古并非日常接触的敌人。

中国史的基础是游牧民和农耕民的对立。在这样的历史中，北人与异质的游牧民文化不断对峙，一路接受历练。不，不仅仅是对立，两种文化也发生了一定的杂糅。直到明代万里长城完成，两个世界之间并没有严格的分界线。长期和游牧民接触的北人，讲起来可以算是国际人才了。与他们相比，可以说南人只是除了王朝灭亡的一些时期，几乎没有暴露在外来威胁之下的乡下人罢了。

不过，十六世纪"倭寇"的猖獗，尤其是"嘉靖倭乱"以后，局面发生了很大的变化。"北虏南倭"之中的"南倭"出现了。不仅在江苏、浙江、福建的沿海地区，离长江入海口有相当距离的南京的城墙，也出现了倭寇的身影。

南人，在这个时期终于遭遇了令人恐惧的"他者"。而这不仅仅是个单纯的内外问题。众所周知，现实中的倭寇不仅有日本人，更有大量中国人。倭寇问题也是一个"内部问题"。而其中的大部分则是福建人。对贸易方面相当依赖航海的福建人来说，明朝的海禁（禁止前往海外）是很大的枷锁。福建人既是倭寇的受害者，同时又是加害者。

在此基础上，不久又有葡萄牙人、荷兰人这些新的外敌登场。在这种情况下，南人的排外意识不断增强，他们关于外界的想法也不由自主地被不断磨砺。

本章将会从军事及与军事相关的地图绘制问题，以及在仅靠科举出身的秀才解决不了的事态中跳出来的各种奇才等等方面，来探讨面临上述状况时南人的应对方式。而在平息倭寇中贡献颇多的胡宗宪(1511—1565年)和戚继光(1528—1587年)的幕府,则是其中的关键。

文士论兵

十六世纪五十年代,倭寇在江苏、浙江十分猖獗。其中最大的势力,是以长崎五岛为据点的新安人王直。成功将其"招安"令局势一时安定的官员,是同为新安人的胡宗宪。胡宗宪得到当时内阁大学士严嵩的信任,被任命为剿倭的总负责人,而他没有辜负严嵩的期待——不过他后来也因庇护者的落马而被逼上绝路。不过,聚集在他身边的众人的作为,对后世产生的影响不容小觑。济济人才之中,我们来聚焦一下茅坤、唐顺之这两位文人。

生于太湖南岸的湖州的茅坤(1512—1601年),与生于北岸的常州的唐顺之(1507—1560年)都是当时一流的文人。茅坤以评选"唐宋八大家"选集而扬名日本,唐顺之也以编集了众多文集知名。尤其是唐顺之,他是一位在二十三岁时取得会试第一名(殿试也是第四名)的高才生,年轻时就博得了相当好的名声(被传为"纲鉴"的编者,也是因为他在科举上取得的好成绩)。

不过看似前途远大的两人(茅坤也在二十七岁考得进士,成绩还不错),后来的经历可谓极尽迂回曲折。茅坤因为过于锋芒毕露,先被调到广西后又是北方,在南北边境的最前线上过军事一线后,又被迫归隐故乡。

唐顺之也因上奏的内容触怒了厌烦政治的皇帝,而被剥夺了官僚身份。往后的十年多时间,他在故乡过着日日讲学的生活,不过他根底上不是一个那么规规矩矩的人。年轻时候就在研究天文、数学以及练习剑法、骑射上花费了非同寻常的精力的他,即便被人笑话是"杂学",也依旧埋头阅读"武经""战书",孜孜不倦地钻研山川的险易、兵马的强弱(《闲居集》卷一〇《荆川唐都御史传》)。

当时,除了南方的倭寇,北方还需要对付蒙古,情况十分紧急。一直处于分裂状态的蒙古出现了俺答汗这样的英雄,各势力逐渐被纠合。陕西北面,被黄河的弯曲河段包裹的鄂尔多斯(当时称为"河套")也落入蒙古手中,当时关于是否能收复此地,朝野发生了激烈的议论。

与唐顺之同期参加科举的曾铣(1499—1548 年),是收复派的急先锋。在野的唐顺之从他手里拿到了"边图"(《唐荆川先生集》补集卷三《答曾石塘总制》),又从在北方担任总督时连俺答汗都十分畏惧的翁万达(1498—1552 年)那里(《唐荆川先生集》补集卷三《与翁东崖总制》)入手了"宣大三关图"(宣府位于北京西北方,大同与偏头、宁武、雁门三关则更在其西,它们都是长城防卫的要地)。唐顺之收集地图与对地图的研究,都是出于他对军事的关心。

茅坤则在倭寇研究方面不遗余力。通过他对浙江巡抚的提议可以看到他研究的成果。他主张要解决福建人占六、七成的倭患,把他们逼进绝路是行不通的,通过怀柔政策令倭寇中的福建人与官府合作会比较有效果,对"海岛诸夷(日本人)"也应采取怀柔政策,若他们取其头领首级来降,也可以允许他们前来进行朝贡贸易。另外,当时在扑灭倭寇时启用了由彪悍的广西少数民族组成的"狼兵",而其实际的构成则是广东的游民和拳师占多数,他提倡比起用这样的外地兵,更应该利用盐商和处州(浙东)的矿徒这些当地民众。另外他还劝说,虽然不穿甲胄的东南之兵与裸战的海盗在没有防具这一点上是相同的,但光靠勇敢并不能取胜,还应该采用广西使用的牛皮防具和狼兵所用的轻型盾。这些提议都基于西南战场上的经验(《茅鹿门先生文集》卷二《与李汲泉中丞海寇事宜书》)。

嘉靖三十四年(1555年),被任命为浙江巡抚的胡宗宪在杭州设幕府,招闲居在家的茅坤入幕。虽然是因其文才而起用,不过茅坤的提议中也有预见了胡宗宪对倭政策的部分。而茅坤作为幕僚自然也在军事方面提出了自己的建议。

另一方面,唐顺之在嘉靖三十七年(1558年)回归官场。虽然他的很多友人都反对他的出马,不过他再也受不了像之前一样对国难袖手旁观了。被委任对北京东面的蓟州进行军事视察的他,并没有让手下分工巡查,而是亲自不遗余力地到现场调查逃兵现象的实际情况,揭露出军事训练的涣散。

随后,他受到胡宗宪的提拔,被任命为江浙阅视。在这个岗位上,他同样没有满足于在后方发号施令。他不顾身边人的担心,亲自穿上铠甲,登船前往与倭寇实战的现场,最后连去世都是在船上。

非常遗憾的是，他赌上性命的行动当时并没怎么得到世间认可，甚至还被人笑话（《万历野获编》卷一七"边才"）。不过这些怜笑可能出于他和严嵩、胡宗宪一系有关联。唐顺之发挥文人本领的文章被收录于《文集》，而若是一读正编之外另编的《外集》中所收录的精细的军事报告书，可以说很难将他划分到空谈理论而没有实践的学者的类型中去。

中日小辞典（《筹海图编》）

而胡宗宪幕府留给后世的最大遗产，还是幕僚之中的苏州人郑若曾所编辑的《筹海图编》。最初，郑若曾所编制的从辽东到广东沿海地区的十二张地图由苏州府知事公开刊印。关注到这些地图的胡宗宪将郑若曾招至幕下，并让他继续对地图进行资料的增补编辑，最终完成的则是这本《筹海图编》。

与有一定积累的北虏研究相比,关于南倭的研究当时显然有些落后。这本书在这方面是一本划时代的作品,对后世的海防研究产生的影响不可估量。

可以说,胡宗宪幕府的内聚力是完成这本书不可或缺的条件。最早劝郑若曾收集海防资料的,正是唐顺之。茅坤也是其合作者之一,他的很多报告、献策也被收录其中。

做地图

在内陆的江西吉水,有一人一直关注着唐顺之在沿海地区的奋斗,他就是罗洪先(1504—1564年)。他和唐顺之同年通过科举,也因一同向皇帝进谏而被剥夺官僚身份,其后作为友人仍保持着交流。与唐顺之不同的是,他拒绝了严嵩势力请他出仕的邀请,之后一生维持着在野的身份。

在江户日本,罗洪先因阳明学大学者的身份而闻名。不过,他作为思想家的名声和他在另一领域留给后世的作品《广舆图》直接的联系,却很少有人关注。

绘制地图的契机,是他发现了元代朱思本所绘制的地图。现在朱思本所绘制的原图虽然已经失传,但这张采用方格图法绘制的地图,在当时是相当先进的。罗洪先则在朱思本地图的基础上,以自己常年的研究经验加以订正增广,而完成了《广舆图》。

《广舆图》不仅对之后的地图绘制产生了极大的影响,也成为利玛窦《坤舆万国全图》的中国部分及之后卫匡国《中国新图志》的蓝本,对欧洲的中国地理印象的形成起到了很大的作用。①

不过本节比起这些地图学上的问题,更想关注《广舆图》产生的环境。很可惜,有关《广舆图》如何完成的史料相当缺乏,在绘制工程中应该占了相当大比重的"九边图"的跋文(《念庵罗先生文集》卷一〇)中列举的被当作依据的地图算是绝无仅有的一则。而其中列举了唐顺之的《大同三关图》则引人注目。这应该是唐顺之以从翁万达那里拿到的地图为基础绘制的作品。

前面讲到了唐顺之和罗洪先之间的交流,两人对军事的关心也是他们的共同点。罗洪先虽没能像唐顺之一样身临前线,但当俺答汗包围北京(1550年)的消息传到千里之外的南方时,他甚至到了"目不交睫月余"(《念庵罗先生文集》卷一《与双江公》)的地步,可以看出他对军事的关心程度之重。发现朱思本的地图这件事本身可能是偶然的,对动荡的北方局势的关心才是绘制地图更主要的动机。

他对地图的关心和军事紧紧相连一事,通过嘉靖三十七年嘉兴海盐人郑晓(1499—1566年)——掌管兵部的当时有名的军事通——在推荐人才时对罗的评价"究孙吴(《孙子》《吴子》)之书,习知占步(天文)之术"也可以确认(《端简正公文

---

① 海野一隆:「広輿図の諸版本」,『研究集録（大阪大学教養部）』第十四辑,1966年。海野一隆:「ヨーロッパにおける広輿図——シナ地図学西漸の初期状況」,『研究集録（大阪大学教養部）』第二十六辑,1978年;『研究集録（大阪大学教養部）』第二十七辑,1979年。

集》卷七《荐文武官疏》)。

当时供防卫参考的地图,主要由兵部(尤其是负责绘制地图的机构职方司)和前线负责绘制。当时绘制的地图,有许论《九边图》(1534年)等几种现仍存于世。而在这些地图之中,罗洪先所制地图与众不同的是,因为他与兵部没有关系,所以制作地图的地点也必然不在前线和兵部相关的地方。

绘制地图册的事自然不会就此休止。与罗洪先同年参加科举的友人胡松(1503—1566年),在《筹海图编》的编辑过程中也出了一份力,他从《筹海图编》中抽取日本图、琉球图收入《广舆图》中刊行。这便是《广舆图》普及本的源流。

这两张图因为是从别的书里转载进来的,并没有什么地图学上的价值。不过,与之前的地图重点多在长城线的"九边"(辽东、蓟州、宣府、大同、太原、榆林、宁夏、固原、甘州)相比,这里对南方沿海地区的强调则有特殊意义。可以说对北虏南倭两方面都进行了严密监视这一点,使得《广舆图》真正意义上得到了完成。通过罗洪先和胡松两人关于修订版的联络书信可以知道,这些增订也是符合罗洪先想法的。

而这节讲到的罗洪先、唐顺之、胡松在讲学方面也是伙伴。如"自武宗朝,王新建(阳明)的良知之学在江浙、两广传开了。罗念庵(洪先)、唐荆川(顺之)诸公继承其兴讲学之风,江南各地受其影响,短时间里建起了很多书院"(《万历野获编》卷二四"书院")所叙,阳明学派的第二代所进行的讲学,在南方有相当大的影响力。就如朱熹和陆象山这双雄相遇的"鹅湖之会",学者们聚到一处进行辩论的活动以前就有,不过到了嘉靖年间，这种交流在南方变得频繁而大规模化。而当局则对过于风行的讲学抱有警戒感，到万历初年张居正掌权的时候甚至直接禁止了讲学。②

不过张居正死后，讲学之风再兴，并且不分学派地流行起来。而对阳明学派的人来说，他们的主要论题其实是王阳明所重视的"致良知"的工夫，在此之余军事问题也会被讨论，人们也会在讲学这个场合交换军事方面的消息。可以认为，在野的罗洪先所作的地图意外地很快获得反响，也是以这种网络的存在为前提的。

再者，被阳明学派的学者们尊为老师的王阳明在军事方面也曾充分发挥过自己的才干，他也是一位对军事学有强烈关心的人物。另外，阳明学派的军事学倾向，也为之后的李卓吾（1527—1602年）所继承。这种倾向也和强调实践出真知的阳明学派对经书去绝对化有关。不过，军事学倾向也是时代的产物，而南人在军事学方面的活动则尤为引人注目。

岛夷的爪痕

在倭寇领袖王直的势力瓦解之后，江浙局势逐渐趋向稳定。不过福建、广东的倭寇依旧猖獗。

---

② 参考中純夫「張居正と講学」，『富山大学教養部紀要（人文・社会科学篇）』第二十五卷第一号，1992年。

当时，岛夷肆虐海上，居民只能四处逃跑。母亲也逃回老家避难，她当时正好怀孕满十个月，而民间有女人在自家生产不吉利的说法，族人便一同把母亲赶了出来。母亲仓皇跑出来，靠着破败厕所的断墙把我生了下来。……不久后岛夷又大举袭来，母亲抱着我去避难，途中与祖父、父亲走散了，脚又受了伤，难以行动。于是躲在草丛中，看到贼从一旁走过。贼好几次瞄到她旁边，而我又会呱呱哭泣，母亲便祈祷："老天爷呀，如果孩子能长大成人的话，就让他不要哭了。"刚祈祷完我就不哭了。这种情况发生了好多次。而后，母亲又因迷路走到海边而无路可走，潮退后，在泥泞中跟跟跄跄地行走时，海水侵蚀皮肤，令皮肤开裂，让人痛不欲生。环顾前后，有一样背着孩子的妇人因受不了而抛弃孩子自己逃走。在母亲极其窘迫的时候，有一位老伯路过，跟她招呼说："夫人啊，事态急迫，你快逃吧。我帮你背着孩子，先往前走，我们定一个地方到时候会合，到那儿把孩子还给你。"母亲说："我丈夫快五十才有了这个孩子，我宁愿和他一起死，也不忍心把他丢给一个路过的人。"而当时祖父在旁边，担心贼来了我们全都会没命，便劝母亲就照老伯说的做。母亲勉强听从。后来母亲终于匍匐来到约好的地方，老伯已经在那里等着了。问他叫什么，他不说就走了。（《苍霞草》卷一六《先母林孺人圹志》）

这是后来当到内阁大学士的福州人叶向高的亲身经历。当时，这般光景在福建沿海地区各处不断上演。

第四章　北虏南倭

倭寇害怕的老虎

把福建当作自家仓库一样到处猖狂抢掠破坏的倭寇,最害怕的是出生于山东的名将戚继光。倭寇称他为"戚虎"。他在胡宗宪帐下活动之后,于嘉靖四十一年(1562年)八月到福建赴任。

到任后,他首先赦免"胁从"倭寇的数千闽北宁德张湾居民的罪,以孤立贼人,然后冲击他们的据点,除了"生擒二十九夷,斩首三百四十八级",还解放了男女八百余人,打了个开门红。九月又平定福清倭寇(生擒十人,斩首六百八十八级,解放男女九百五十四人),在南邻福清的兴化府的中心莆田也取得了胜利(生擒贼十三,贼妇十三,斩首九百六十,烧死、溺死者数千余。解放卫所军官千户一员,生员五人,男女二千一百一十四人)。

不过,倭寇的生力军层出不穷,没完没了。邻省带来的士兵之中厌战情绪开始蔓延。对此,戚继光在和当时的福建监察副使汪道昆(也是前面讲的新安人)商量后,决定返回浙江招募新兵。这里为何不用福建的士兵,只因他们"语言无异于倭"(当时大半的倭寇都是福建人),不时会出现勾结贼人的情况,所以难以信任。

而虽然在他不在福建的时候,兴化府城再次陷落,但到了第二年即嘉靖四十二年他回来的时候又取得了三连胜,除斩首倭寇及与其勾结的土匪一千六百八十九级以外,在海战中

151

烧死、溺死的敌人计一万,解放男女三千余,也收复了兴化。

同年十月,福建沿岸各地岛夷陆续涌来,总数有两万之多,双桅倭船大小合计六十八艘。虽然这些倭寇被逐个击破了,但官军依旧维持守势不变。和前一年的六千人相比,贼人数量多至三倍,彻底地改革对策,特别是浙江、福建的合作变得非常必要。而铲除倭寇的总负责人、总管两省军务的胡宗宪此时已被逮捕,强权的消失使得拉山头意识死灰复燃。对于被从浙江派来的戚继光来说,很多事情变得很难下手。不过这时,戚继光因之前的功绩而升任总兵官,除了浙江南部的金华(构成"戚家军"核心的义乌兵的老家)、温州,福建全省的军务也归他一并管理,这样就很好施展拳脚了。

十二月,在解除倭寇对仙游县的围困(取倭首四百九十八级,生擒翻译一人,解放男女三千余)之后,明军突然转入攻势。嘉靖四十三年二月在泉州同安县(斩首一百七十七,解放男女三千)、漳浦县取得连胜,倭寇则逃向广东方面。

嘉靖四十四年(1565年)二月,在痛击以紧邻广东的诏安县为据点、拥军船百余的吴平势力后,明军本以为可以歇一口气了,但此时从日本逃回来的生员(官立学校的学生)带回了"今春入寇"的消息,这令大家的神经瞬间又紧绷起来。幸好并未演化成严重的事态,此后福建的倭患逐渐平息。

观察这些战果,可以发现比起斩首的数量,被解放的男女俘虏的人数要更多。从倭船"将俘虏的人、货丢到海中"的记录来看,估计当时有大量俘虏被收容在了船上。不过,之后这些俘虏去向如何，统计将军战果的《年谱》只字未提。③ 只因最要紧的，是军功的统计对象——首级的数量。官兵在路上遇到拿着小旗子的男人，问他情况，得到了"妻子被绑架当了人质，现在要回去拿钱去赎人"的回答。关于俘虏的情况，最多只有这种程度的记录。

虽然有为了勒索钱财而被绑架的人质，但并非所有人都有能够支付赎金的财力。多数情况下，人质恐怕还是被用来充当补充人员，或是被当作奴隶买卖。在嘉靖四十四年的十年前，郑舜功赴日本考察写下了《日本一鉴》，其中记录萨摩的"高洲"明明只有一百名左右的居民，却有两三百中国男女被当作仆人使唤。而这些中国人在多年的居住过程中逐渐当地化，还会担任倭寇的向导（卷六"被虏"）。前面讲到的叶氏母子若是当时被抓到的话会有怎样的遭遇，实在是难以想象。

跨界文武

虽然戚继光立下赫赫战功，不过真正让他的名字在后世更有分量的，还是《纪效新书》《练兵实纪》这两本著述。这两本书都因是具有实战性的兵书而获得很大的反响，而且不仅在中国，在朝鲜，甚至在被当作击退对象的日本也有被阅读。④

---

③ 戚继光的年谱《戚少保年谱耆编》，由山东大学出版社以《戚继光年谱》（刘聿鑫，凌丽华主编）为题于1999年出版。
④ 参考宇田川武久『東アジア兵器交流史の研究——十五〜十七世紀における兵器の受容と伝播』，東京：吉川弘文館，1993年，第三編第三章「兵書『紀効新書』の学習」、第五章「日明兵器の定着」。

应当注意的是,他的作品并非孤立地存在着的。与戚继光齐名的福建名将俞大猷(1503—1579年),在其老师——同为福建人的赵本学遗著的基础上,写下了《续武经总要》。

他们写下的作品不仅限于兵书。通过在福建并肩抗击倭寇时熟起来的汪道昆,戚继光成了王世贞圈子里的一员,还留下一部《止止堂集》,可以看出他的文人架势;俞大猷也著有叫作《正气堂集》的文集。

他们其实都是通过了武举的武进士。明代军人身份世袭,被登记在叫作"军户"的户籍下面。带兵的指挥官也都是军户里面出来的。不过,这个制度也带来了人事方面的停滞。武进士的设置,带有让军户们振奋起来的意图。

另一方面,通过文科举转而成为文人士大夫的道路,也是对军户打开的。想要飞黄腾达,还得靠文科。虽说翻身需要几代人的努力和投资,但是军户出身的名人还是相当多的。比如张居正家里,直到祖父一代,实际上都是做军人的。据统计,明代的内阁大学士有四分之一都是军户出身,比全人户中军户所占比例(五分之一)都要高。⑤

武科出身和文科出身,虽同为进士,地位却大不相同。宋代之后,文优于武的状态变得更加明显,到明代为止两者之间的鸿沟也未被填上。

不过,到了明代中叶以后,文人方面对待"武"的态度的确

---

⑤ 参考于志嘉「明代の軍戸の社会的地位について——科挙と任官において」,『東洋学報』第七十一卷第三、四号,1990年。

发生了变化。兵书地位的上升，明确地显示出了这种变化。以《孙子》为首的古典兵书——被称作"武经七书"的武科教科书被重新热心阅读。

"武经七书"是由《孙子》《吴子》，以及《六韬》《司马法》《三略》《尉缭子》《李卫公问对》组成的丛书。这套丛书是在十一世纪后半叶的宋神宗时代，随着对武举和武学（军事学校）的增强建设，作为教科书被合编刊行的。从"经"的称呼也可以看出这套书受重视的程度。北宋时代，《孙子》就相当盛行，而《孙子》的十家注中有四位作者都是北宋人。

到了南宋，兵书研究又逐渐停滞。虽然孝宗时期，为武进士开辟了被当作军队预备干部培养的道路，不过这里的政策并没能发挥实效。在宋代的武进士中，因在文科举中成绩不佳才转战而来的人不在少数，一旦有机会就瞅着转成文官。⑥因此不论是武举还是武学，陷入低迷状态也是很自然的。而到了接下来的元代，对蒙古人来说，武举、武学都是没用的，兵书研究自然也偃旗息鼓了。

到了明代，武学和武举再兴，"武经七书"也重新被重视。明初刘寅所著《武经七书直解》，是时隔多年出现的关于"武经七书"的专门研究。到了明代中期，兵书研究也兴盛了一阵子。虽然随着嘉靖年间通过武举任用人才的制度的正式化⑦而产生的应试用书的需求增加，是其中的一个原因，但根本上

---

⑥ 参考赵冬梅《武道彷徨》，北京：解放军出版社，2000年。
⑦ 参考松本隆晴「明代武挙についての一考察」，『山根幸夫教授退休記念明代史論叢』（上）。

还是有"北虏南倭"的问题。

而在和武举不搭界的文士之中,之所以会出现唐顺之、罗洪先这样认真去考究《孙子》的人,也是出于这个原因。他们的友人,常州人薛应旂(？—1573年)在陕西任职期间,也在视察北方边境时写下了《孙子说》。另外还像前面讲到的,阳明学派对于兵书的关心尤为显著。福建泉州人、阳明左派的李卓吾也写下了《孙子参同》,而他本人也是倭乱亲历者。

这本书以《孙子》十三篇为中心,在其基础上加上了其他六本书的相关记述。在序文里,李卓吾对研究武经的前辈张鳌(按照《李朝实录》的说法,张在嘉靖十二、十三年对朝鲜的地理进行了探查,绘制的地图也令当地人注目。——《中宗实录》卷八)道破"七书、六经本来在仁义上就是同源的"的文章表示赞同,不过也对张鳌文章中"文为主、武为从"的观点表示批判,强调应该"文武一体"。

李卓吾对兵法的关心里,有和那个时代相通的地方。被他评价为英杰的同时代的独裁者张居正,也对刘寅作品进行增订而推出了《武经直解》,给刘寅作品注入活力。他给少年皇帝万历上课使用的教材《四书直解》和《通鉴直解》(以《通鉴节要》为原本)与这本书成套出现,可以看出,统治者层也非常重视"武经"。

这个时期,各种文集中收录的武举"乡试录"(地方考试的记录)的序文值得注目。其中,关于"武"被轻视的控诉比比皆是,让人感觉似乎总体趋势并没有什么变化,不过这种文章的大量出现本身就意味着社会对"武"的认识方式发生了变化。在小说的世界里,对《春秋左氏传》手不释卷的关羽,还有《大宋中兴演义》的主人公、被描绘为"智将"的岳飞的人气也在不断上升。这当然和"书生气的武"的盛行不无关系。

看书的岳飞（《大宋中兴演义》，古本小说丛刊）

山人的活跃

十六世纪后半叶，还有另外一种流行的现象——山人的横行。⑧

---

⑧ 鈴木正：「明代山人考」，清水博士追悼記念明代史論叢編纂委員會『清水博士追悼記念明代史論叢』，1962年。金文京：「中国近世における知識人の性格——明代の山人を手がかりとして」，『中国史学』第七卷，1997年。

所谓山人,字面意思是藏在山中的隐者,但后来逐渐演变成连完全没在隐居的现任官僚也会拿来用的雅号。不过下面要讲的,不是那些风雅的山人,而是另一群可疑的人。

> 世间所称山人的,多在边境。他们收入不足,无法满足自己的贪欲。时间久了他们自己也厌弃那样的状态,却难以改变。近年,萧如薰(丰臣秀吉出兵朝鲜前,蒙古人将军哱拜谋反,萧在平定哱拜之乱中表现突出)被提拔成宁夏统帅,而后每次去不同的地方赴任,喜欢舞文弄墨、自命文人的他后面,都有山人排成队,奉他为"季馨(萧的字)词宗先生(诗文泰斗的意思)"。这些人像蚊蝇一样依附过来,又需要给他们回礼,不过情况已经不像戚继光时候那么好了。萧把前后妻的嫁妆拿来给这些人都不够用。(《万历野获编》卷一七"武将好文")

虽然上面讲的是万历年间的情况,但在胡宗宪幕府的时候就已经有了先例。

其中最有名的,是精于戏曲、绘画的绍兴人徐渭(1521—1593年)。他虽然过了院试,但考了南京的乡试八次都不中。虽说考了这么多次,但他并非把所有精力都花在了用功学习上。他的兄长是个漫游天下、热爱蹴鞠和炼丹的侠义之人,而作为弟弟的他也颇有游侠气质。他曾和友人一同前往与倭寇对抗的战地,也曾为了完成敌情侦察而去和日本回来的宁波生员陈可愿接触(《徐文长三集》卷六《赠陈君》)。

不久,他因文才被胡宗宪看上而入其幕府,被委任拟写给

山人徐渭(《中国人物画》)

朝廷的上表等等应酬文章。而胡宗宪是一个把罗龙文推荐给严嵩,自己也亲自协助严嵩的美术品收集事业的人,想必徐渭的绘画才能也是胡宗宪看重他的原因之一。

徐渭不负众望,在胡宗宪将白色雌鹿作为瑞兽献给皇帝的时候,他负责撰写的上奏文赢得了注目。当时,面对有皇帝和内阁大学士严嵩的支持而意气轩昂的胡宗宪,沙龙的宠儿徐渭以"葛衣乌巾"的山人范儿傲然以对,又以平等的礼节相待,展现出旁若无人的风范。在文章方面私淑于徐渭的大文人袁宏道在文章中生动地描绘了当时的场面(《袁中郎全集》卷一一《徐文长传》)。这段时间应该是他最得意的时候。

嘉靖四十一年(1562 年),胡宗宪因受到严嵩落马影响而被逮捕。虽然一时得救,但三年后再次被逮捕后,在狱中死去。仿佛是为了和保护人相符合,徐渭此后精神出现了异常,试图自杀,甚至杀害了自己的妻子。

徐渭有人气的原因,在于他豪放磊落的人生和他打破常规的艺术。但要说他是个独立的人,倒并不一定是这样——他一直把保护人的存在视为必要。因为可以看到,他后来还试图去接近辽东兴起的李成梁父子(儿子如松是丰臣秀吉出兵朝鲜时,明军的总指挥)。

山人北上

看见胡宗宪幕府状态不错的戚继光,也把科举失败的书生们吸收进了自己的幕府。不久,戚继光因为防务需求的变化,从福建被调到北方去对付蒙古,而在福建时候的门客之中随他同去的也有不少。

> 隆庆、万历年间,戚继光成了蓟州总兵。当时,汪道昆和王世贞都称赞他的文采,于是他本人也俨然自命风雅。幕客郭造卿等人,尊他为"元敬(戚的字)词宗先生",几乎和士大夫才力相当。(《万历野获编》卷一七"武臣好文")

这里出现的郭造卿(1532—1593年),和前面讲到的叶向高是同乡。他游学各地,也曾入罗洪先门下学习,之后虽然一度归乡,但因倭寇猖獗,为了避难而再度北上,在胡宗宪等关乎平定倭寇的官员的幕府之间游走。不久之后回到福建,成了巡抚汪道昆的门客。汪道昆离任后,继任者也曾邀郭造卿入幕,不过因为只把他当作普通书生所以他没有答应,直到有人以客礼相待他才答应前往——这段经历也显示出他倔强的程度。而这里与他意气相投的人,便是戚继光。

通过与戚继光的交友关系镀上金的郭造卿,开始有不同的地方向他打招呼。其中王世贞的诗社同人徐中行更是替他切身考虑,给他布置好了往北京国子监入学的诸般事宜。据说国子监校长更是以国士之礼来对待郭造卿。而他在国子监的时候,更是被赴江西任职的徐中行和在北方前线的蓟州的戚继光两方招呼。虽然戚继光方面准备了相当数量的安家费,但郭造卿决定把是友人更是恩人的徐中行放在第一位,选择南下。徐中行去世的时候,他包揽了徐葬礼的一切事务,并建好乡祠以报恩情。做完这些,他才赶去戚继光那里。

到达蓟州后,戚继光甚至为他修造馆舍供他居住,也拜托他修著"燕史"(关于北方的地志,也是一部体现地方特色的军事史),不过在书籍完成前戚继光就被调离了。不过,他为了好好完成工作继续留在当地。叶向高为他写的墓志中记录了这些事(《苍霞草》卷一七《海岳郭先生墓志铭》)。

不过,雇主方面对这些事却有不同看法。在戚继光的子孙所作的年谱上,可以看到万历八年的条目(卷一二)上记录了当年修建了潇洒的馆舍并让"山人"居住。事情直到此处都没有什么不同,可后面却记录,他们明明出了"千金"(银千两)作为编纂书籍的费用,但"山人"只是拿走了钱,并未完成"燕志"。不知戚继光对这件事的真实想法,不过至少他的遗族对郭造卿这个人物是怀有不满的。

就像前面引用的《万历野获编》中的相关叙述所言,郭造卿也是多如云霞的把武将当作食物的"山人"中的一位。

武将让过来投奔的山人们陪侍在身旁,原因之一是想要做出文化人的样子。不过,山人们存在的意义也不仅仅是为了陪他们附庸风雅。万历十九年(1591年)八月,兵部尚书石星对山人进行了抨击。北京官僚和地方官员的私下勾结成为当时各种不正当行为的温床。而二者之间的中介,就是"山人、星士、医卜"(《万历邸钞》)。当时,关于日本要进攻朝鲜的预报经由福建传入国内,与这种现象不无关系。和石星同样立场的人,对因山人的轻佻而引起机密泄露的可能性保持着警惕。

此处山人和星士、医卜被并列在了一起,实际上为三者划清界限是件很难的事情。包含占步之术与炼金术的养生术,是山人的擅长领域。拥有正统士大夫所没有的自由和脚力是他们的魅力所在。而南方更是山人的著名产区。

南人的脚力

山人中跋涉天下名山,并对边地表现出特殊兴趣的人不在少数。生于福州东北部的连江的陈第(1541—1617年)便是其中一人。

陈第留名史册,是因为他写下了音韵学方面的划时代著作《毛诗古音考》。书中内容被顾炎武批判性地继承,对后世产生了很大的影响。

不过,这只是他人生的一个侧面。他虽然也是著名的藏书家,却不是一个单纯沉浸在书斋之中的人。

在十九岁通过科举的第一轮考试并获得生员身份之后,他并没有再试图向上爬。这恐怕是因为在倭寇最为猖獗的时期,他不屑端坐在书桌前。向在福建任职的戚继光献上"平倭策"的他,在隆庆六年(1572年)拜入福建总兵官俞大猷门下学习兵法。两年后他跟随老师一同上京,与戚继光再次见面,他所主张的车营战法也受到关注,在前线被起用。当时明朝与蒙古的关系还比较稳定,蒙古以恭顺来换取明朝给予的经济利益,而陈第却毫不掩饰自己对提出过剩要求的蒙古方面的愤慨,更加努力练兵。

后来随着张居正的去世,戚继光丧失了立足之地,陈第也因此回到南方。万历二十一年(1593年),在当时社会担心日本军队袭击福建的背景下,他撰写了文章《防海事宜》,其军事才能得到了地方官的赏识。

过了花甲之年,陈第就无法抑制想要旅游的心情,过上了整天游历四方的日子。虽然他以走遍五岳(山东泰山、河南嵩山、河北恒山、湖南衡山、陕西华山)为第一目标,但除此之外,他还和友人一同渡海并登陆台湾,是第一个写下当地调查报告的大陆人。

倭寇的出现对于江南、福建来说确实是一场灾厄。正因对倭寇记忆之深刻,南人受到了很大的影响。而参与平定倭乱也成了人们除科举精英以外另一条出人头地的路。随着戚继光的北行,以平定倭寇的经验为食粮继而北上的南人并不止这里讲到的几例。

不必说,适用于"南倭"的战略不可能直接适用于"北虏"。不过,通过同时面对倭寇和北方边境问题,南人一直有所欠缺的视野获得了补充。实际上,在后金势力替代蒙古成为新的北虏之后,把倭寇的事情当作很久以前的故事来听的一代人,以及在倭乱平息之后需要直面依然存在的海盗的人们,都在历史上留下了他们活跃的身影。

第五章　动乱时代与南人

大炮"神威大将军"(《中国古代兵器图集》)

倭寇复活

在戚继光平定倭寇之后,中央政府对先前的"海禁"政策做了大幅修改。成了倭寇巢窟的福建漳州月港,被政府纳入管理并设置了名叫海澄县的行政机构,以该港为基点的南洋贸易则受到政府的承认。要前往海外交易的船只,被要求必须从海澄出航,不过过去"片板不许入海"的严格海禁算是解除了。

不过,与日本的通航依旧不被承认。广为人知的是,在开放海禁的十年前开始定居澳门的葡萄牙人利用当时这种情况,通过担任中日交易的中介而获得了巨大利润。但是中日两方的民间人士也不可能袖手旁观他们这样赚大钱。当时还有在东南亚各港口碰头进行交易的做法——倭寇本来就没有完全清除干净。

开放海禁的四分之一世纪后,当丰臣秀吉要出兵朝鲜(1592年)的消息传到福建的时候,和战场相隔甚远的南方也一下子充满了紧迫感,此中原因其实是当地的倭寇问题并未被完全解决。

比如,在胡宗宪幕府工作了一阵之后,回故乡湖州养老的茅坤,在丰臣秀吉出兵朝鲜之前的一段时间,就写信给户部尚书石星(万历十九年八月转任兵部尚书,成了解决当时困局的总负责人),告诉石星从福建传来了日本要搞侵略的消息。茅坤认为丰臣秀吉不过是"一枭雄",尤其是江南方面根本不用担心,不过需要留意漳州、泉州的无赖之徒引入倭寇的危险(《茅鹿门先生文集》卷六《与石东泉司徒书》)。他觉得如果发生里应外合的情况,会有重演十六世纪五十年代局面的危险。

不过即便后来日本从朝鲜退兵,与他们的进攻一起进犯的海盗对江南、福建还是产生了不小的影响。此外,蛮横的

"红夷"(荷兰人)在海上的出现,对福建人来说也是不小的事件。兴起于十七世纪二十年代,不久后构建起自己的海上王国的郑氏势力,也是当时局势的产物。

另一方面,北方女真势力也开始抬头。进入十七世纪二十年代,政府不得不开始直面女真威胁。虽然在军事通眼里还是蒙古的问题更加着急,不过总之当时在"北虏"延长线上的"奴酋"(指女真领导努尔哈赤)问题开始得到关注。

本章将会聚焦江南的徐光启(1562—1633 年)、福建的叶向高(1559—1627 年)及其周边,以一探"第二次北虏南倭"的面貌。

徐光启生于上海,和离老家不远的董其昌是友人。然而他通过科举的时间要比友人晚上不少。不过在进入社会为寻找落脚点而彷徨的时候,他遇到了基督教并入了教。他作为奉教士人代表的活动非常有名,同时也是一位晚年一直做到内阁大学士的政治家。

生于福建的叶向高则一路顺风地走着升迁大道,是个不到五十就当上了内阁大学士,十七世纪二十年代又再次入阁的大人物。他在南京任职期间,也认识了正在当地的利玛窦。他虽然没有信教,却是耶稣会有力的保护者。在晚年退职归乡的时候,他招待艾儒略同行,给艾儒略制造了在福建传教的契机。

同样对新时代的气氛很敏感的两个人,还有一个共同点:人生被倭寇"纠缠"着。前面讲到叶向高因为倭寇差点没命,而徐光启所幸生得比较晚,并没有直接受到倭寇影响,不过他从小就一直听父亲和周围的大人讲倭寇祸害上海的故事,据说很早就开始读兵书。尔后也与倭寇不无关系的两人,之后都因为一些原因不得不和女真问题扯上关系。

丰臣秀吉出兵朝鲜,对当事的日本、朝鲜自然不必说,也给为朝鲜派出援军的中国带来了莫大的财政赤字。而这次战争也令朝鲜北方产生了军事上的空隙,让努尔哈赤有了兴起的机会。从这些影响看来,这场战争是令东亚局势发生很大变化的一个事件。而这两位南人的奋斗努力没能产生价值,最终也没能让事态回转。不过,有关他们的各种史料为我们了解新局势提供了丰富的信息。

关白袭来

在曾经担任自己儿子们的家庭教师的老乡许孚远(1535—1604年)要去福建当巡抚的时候,茅坤曾给过自己关于如何对付丰臣秀吉的意见(《茅鹿门先生文集》卷九《与许敬庵中丞商榷海上事》)。主要内容如下:

(1)要探明关白*目标为何,并收集他手下将领的情报,也要弄清暹罗的动向。

---

* 茅坤听传闻里说,要入侵朝鲜的日方的首领是"关白",但关于关白的真实身份,他表示"今喧传关白者,不知何许人"(《与许敬庵中丞商榷海上事》)。"关白"是当时日本公家实质上的最高官职,由丰臣秀吉担任,也成了秀吉的代称。——译者

（2）要准备数百艘两三千料（石）级的福舱船，准备好在福建、浙江的海上迎击。船上要配备佛郎机、法贡、铜将军、子母炮等各种火炮。有详细记录倭寇的入侵路径的《上日本针经》，不知道你是否看过。

（3）将福舱船配置在中军位置，再配置数百艘八桨船（又称八喇乌。可能来源于马来语 prau），装上荻柴和火药配备到各个岛周围。

福船（《武备志》）

其中提到暹罗，是因为一个叫程鹏起的无赖提出向暹罗借兵的方案，石星对此大力支持（《万历野获编》卷一七"暹罗"），而暹罗的朝贡使节也提出要提供援军，不过最后都没有实现。

许孚远到气氛十分紧张的福建就任后,针对当时的情况采取了一些行动。这些行动主要涉及敌情侦察和保护贸易权益两个方面。

石星送了两名用作间谍的军官到福建。其中一名许孚远觉得派不上用场就把他调离了,而对之前就有"倭情侦探"经验的史世用,许孚远给他派了两名随从。史世用乘坐海商许豫的船,在万历二十一年(1593年)七月四日到达了"庄内国的内浦港"(萨摩的内之浦),听说岛津义久带着私人医生、华人许仪后,前往了秀吉的司令部名护屋。

许仪后是被倭寇俘虏后,当了岛津氏"御医"的人物。他了解到"平秀吉"(当时的汉文资料上把丰臣秀吉称为"关白"或是写作如此)要进军祖国的消息,赶紧托人把这个消息传回国内。"倭寇要来了"的消息,也通过朝鲜、琉球路径传到了明朝,不过许仪后的消息因为来自日本内地,当时非常受瞩目。①

史世用在内浦离开商船,他自己为了和许仪后接触而前往名护屋,而同行的两人则往"关白的居城"(聚乐第)进发。和许仪后碰头后的史世用在八月二十七日回到了内浦,又在九月三日混进商人团里和"幸侃"(岛津的家臣伊集院幸侃)见面,悄悄表明了自己的军官身份。不过,有"奸人"泄露了秘密。听闻此事的岛津方面派大隅正兴寺的僧侣玄龙前来盘

---

① 参考管寧「秀吉の朝鮮侵略と許儀後」,『日本史研究』第二九八号,1987年;増田勝機「内之浦来航の唐船(明船)について」,『鹿児島女子短大紀要』第四十五号,1990年;増田勝機「いわゆる薩摩と明福建軍との合力計画」,『鹿児島女子短大紀要』第四十七号,1991年。

问。盘问的具体内容,无法通过记录了侦察活动原委的许孚远上疏(《敬和堂集》之《请计处倭酋疏》)来了解。不过据之后为许孚远写墓志的叶向高记录,作为对岛津义久(原文写作"原义久",即源义久)做工作请他做内应的结果,"倭僧元龙"作为回话的使者来到了福建(《苍霞草》卷一六)。

次月,岛津义久将许仪后作为从军医生派到了在朝鲜的弟弟——岛津义弘那里。另一方面,史世用在乘坐别的商船回国时在琉球海域遭遇了海难,幸而得到琉球人的帮助,被送还中国。而留在日本的海商许豫则被岛津义久托付了表示希望进行贸易的文书,新年伊始就安全返航了。

据许豫说,岛津义久并不希望这次出兵(甚至因丰臣秀吉的恫吓,他的弟弟岛津家久都被逼上了死路),而像许仪后这样被倭寇抓来常年"杂居于六十六州者占人口的十分之三"(虽然有些过于夸张,但如果只看九州地区,产生这样的印象在所难免)。另一方面,京都潜入小队收集到了秀吉从童年到打下天下的来来去去,关于日本内政的消息,萨摩的港口中有等待出航前往吕宋、交趾、柬埔寨、暹罗、葡萄牙(澳门)的船只等等情况,并都汇报了上去。这些情报,成了后来明朝方面把握日本局势的基础的一部分。

以上讲了当时情报活动的大略,[2]而站在福建的立场上

---

[2] 松浦章:「明代海商と秀吉『入寇大明』の情報」,末永先生米寿記念会『末永先生米寿記念論集』坤の巻,1985 年;三木聡:「福建巡撫許孚遠の謀略——豊臣秀吉の『征明』をめぐって——」,『人文科学研究(高知大学人文学部人文学科)』第四号,1996 年。

来看的话,还有更要紧的课题需要去完成。

福建的生命线

更要紧的,是"海禁"问题。对丰臣秀吉的进攻绷紧神经的中央政府试图通过阻断内外的交通线,来防止不测事态的发生。

虽与主战场相隔甚远,一眼看起来好像是在隔岸观火。不过火花确实已经溅了过来。有消息说,丰臣秀吉的别动队即将攻入台湾北部的鸡笼(基隆)。而且如果正如茅坤所担心的那样,有漳州泉州的奸徒把日本人引进来,那很可能会再次上演当年的噩梦。而其实漳、泉的家伙们一直表面上说是在北邻福州的福宁卸货,或是在台湾西岸的北港从事渔业,又或是在台湾西北方的鸡笼、淡水做生意(虽然沿岸航海当时也需要通行证,但通行证的发行数量并没有像去海外那样有严密的限制),但其实背地里做着悄悄把被禁止的铅和硝石卖到日本的生意。谁也不能保证他们的勾当只停留在提供弹药这种程度。

许孚远刚一上任,就收到了以贸易为生命线的漳州海城商人们联名反对海禁的陈情。而在替商人们的意见代辩的上疏中,他提出了下面的主张:如果实施海禁,现在吕宋压冬过年等待来年回家的几千人会没法回来,变成弃民。

关于火药外流的问题,硫磺在日本有大量矿藏可以采,硝石虽然生产不易但依然有相当高的生产量。而把需求最高的黑铅拿出去卖的，主要还是澳门的葡萄牙人。另外，柬埔寨、暹罗产的铅，日本人也可以在交趾、暹罗购入——仅仅封住福建一个口并不能解决问题。应该采取仅针对禁运物资的严格取缔政策，这是许孚远的结论。最终他的主张被采纳了。

当时福建沿海的经济，相当大程度上依靠被政府承认的东南亚贸易以及和日本进行的间接、直接交易，人员交流也比表面上更为频繁。以侦察为名往来日中之间的泉州商人许豫，如果没有之前去日本的经验，恐怕不会一开始就表现得那么熟门熟路。

对中央政府来说，比起福建地方的利害，对海防当然是更加重视。因此才会一有事情就拿出海禁的牌。同样的情况在三十年后对付红夷的时候再次上演。不过，对于以此为生的商人来说，打开的口子再次被封上，是让人难以忍受的。不仅日本，如连出国去东南亚都要被禁止的话，他们会蒙受很大的损失。当时，光是拿到政府通行证的船只，就有近一百艘要从国内起航。漳州商人站出来表达自己的意见，而地方长官又难以无视他们的声音也是理所当然的。

大恶党平秀吉

下面，我们再来看一下京都潜入小队带回来的有关丰臣秀吉的情报。

有一个不良少年在卖鱼的时候，因喝醉了而在树下睡觉，织田信长路过的时候把他给收留了。被交予照顾马匹工作的少年,因为和织田信长相遇时候的情景而被称作"木下人",又因为擅长爬树而被称为"猴精"。马和猴子的组合,让人不得不联想起曾经当过养马官"弼马温"的孙悟空。之后,改名"森吉"的他累积实力,逐渐令织田信长开始戒备他。织田信长为了拉拢他给了他堺的土地。信长后来为"阿奇支"所杀,丰臣秀吉又灭了"阿奇支",平定了六十六州。不用说,"阿奇支"指的是明智光秀*。

不愧是专门去到京都收集而来的,上面情报的质量可以说是相当不错。不过,这些情报在国内传开后,在和其他渠道消息的交织中,逐渐产生了混乱。不知何时"阿奇支"和明智光秀变成了不同人物,出现了信长杀害秦王/山城君(指天皇,不过可能是把天皇和将军搞混了)→丰臣秀吉奉织田信长之命杀害阿奇支→明智光秀杀害织田信长→秀吉杀害明智光秀这般让人摸不着头脑的关于军事政变过程的叙述(《四夷广记》)。对内乱和杀戮之后"聚乐快院"中的狂欢作乐的描写,更是让读到的人对丰臣秀吉周边事情产生更加怪诞的印象。

其中,福建人谢杰所著《虔台倭纂》中的混乱尤其厉害。当时,"秀吉是中国人"一说似乎非常有影响力。这种说法可能因为把丰臣秀吉放在了倭寇总首领王直和徐海的延长线上而出现。书中一直到否定这种说法的地方都还挺好,不过之后关于政权交替的叙述则只能说是乱七八糟了。

书中介绍了如山口君→出云君→陶殿→丰后君这样的政

---

* 明智(akechi)在日语中的发音与"阿奇支"相近。——译者

第五章 动乱时代与南人

权交替,而又以丰后君为织田信长。这是把过去胡宗宪送出侦探收集到并收录进《筹海图编》的,关于战国时代的九州、中国地区*的情报和安土桃山时代天下一统的过程拼合在一起而产生的奇怪叙述。总体上大概是效力于丰后君的秀吉企图夺取天下,但不想重蹈"陶殿"(陶晴贤)的覆辙,于是试图离间信长父子,首先让儿子杀了父亲,这样一来就可以名正言顺地杀了大不孝的儿子和他的参谋阿奇支。

当时,正是倭寇相关书籍的第二次热潮。而这些书籍的作者,基本上都是南人。要说质量,这些书都不过是改写《筹海图编》,而且对信息的整理并不到位。不过,除去游牧君主,对一个外国统治者的履历如此关注,可以说是一种空前的现象。从此可以看出"关白袭来"影响之大。

在这个时期编纂的书籍中,也可以看到在讲述"倭寇之后的动向"的基础上,对海防论展开讨论的作品。这便是军官邓钟受两广总督之命编撰的《筹海重编》。如书名所示,这本书基本以《筹海图编》为基础。不过,在此基础上,对《筹海图编》所涉及的时期之后的情况——也就是嘉靖后转向南洋的倭寇的行动,包括曾在广东劫掠的曾一本、继承其衣钵甚至活动范围扩展到柬埔寨的林道乾、袭击吕宋的林凤的动向进行了整理,并指出倭寇问题正从"害怕倭寇"的阶段转向"习惯倭寇"的阶段,也就是问题从"令人恐惧的外敌"转到"试图利用倭寇的内部势力"去了。另外,书中还考虑了当时朝鲜战场的情

---

* 这里的"战国时代""九州""中国"是日本史的时代、地理概念。——译者

况,试论了如若朝鲜被占领的情况。

编者邓钟是泉州人。年轻时曾在文科方向上努力,不过途中转向了武科。他因停职时所写的《武备筹略》被总督注意到,而被委托编撰此书。他是俞大猷的弟子,完成此书后还把此书给友人陈第(前面讲到过)过目以交换消息。过去研究倭寇时留下的遗产此时依然拥有生命力。

大惊小怪

在当时的苏州松江一带,"关白现象"也以各种形态发生了"乱反射"——不只是猴精,甚至连妖怪也登场了。

有传说讲"关白"不人不妖,是蛟的化身。有位被派去朝鲜的官员知道怎么打倒蛟,于是放出很多蛟爱吃的鹅,又趁秀吉狼吞虎咽的时候砍掉了他的头,而这里的方法又来自女教主昙阳大师(苏州大官王锡爵的女儿,在十多年前"羽化成仙",之后仍有王世贞等信徒崇拜),云云。这类"斩蛟记"据说当时引起了一定的反响(《万历野获编》卷一七"斩蛟记")。③此外,在上海和苏州之间的太仓,还发生了名门的贪玩少爷,以保卫故乡为名召集了一批拳法得意的人,做着类似军事训练的事情而被逮捕的事件(《万历野获编》《万历邸钞》)。

这些可以说是大惊小怪的事情,是对存在给倭寇带路的

---

③ 参考青木正儿『支那戯曲小説中の豊臣秀吉』,初次出版于 1927 年,收录于序章注 1 书籍。

潜伏势力的恐惧感的一种表面化。据万历二十七年（1599年）到南京的利玛窦的证言，当地有日本间谍被抓了起来。织田信长在本能寺倒下的那一年（1582年），进入中国的利玛窦曾到过广东的韶州、江西的南昌，之后又北上来到了南京。他自己也受当时社会上警戒情绪的波及，成为过嫌疑对象。④

记录嘉靖大倭乱之后江南沿海风气有所变化的史料有不少。比如，描写当时松江社会状况的《云间据目抄》（卷二）中，记录了"倭乱"之后，白莲教和无为教相当流行。前者当时被视作佛教的邪宗，后者则不拜佛像也不为父母治丧，它们都是明代中期产生的新宗教。书中说有愚夫愚妇被蛊惑像发狂了一样赶着入教，而其中存在令知识分子皱眉的"男女混杂，恣肆奸淫"现象，还出现了能自由操纵阳具的异僧。

另外，这本书中还讲到，嘉靖之后松江刮起了奢侈之风。经济繁荣的原因之一是对外贸易的盛行，而虚假繁荣和倭寇的身影是一枚硬币的两面。在兴盛的表象之下，不安正在一点点累积，而"关白现象"则是不安的一种显现。

上海的徐光启，也是身处这种喧嚣空气中的一人。当时他和同好们关于故乡上海的防卫问题展开了认真的辩论。⑤

---

④ 『中国キリスト教布教史 一』，第366—367页。
⑤ 关于徐光启的事迹，参考梁家勉《徐光启年谱》，上海：上海古籍出版社，1981年。

摇钱树

按照利玛窦的说法，从朝鲜撤兵一段时间后，江南紧张的气氛变得有所缓和。而福建却是另一番景象。下面，我们来看一下在这之后的倭寇对策中崭露头角的一位叫作沈有容（1557—1627年）的人物。

沈有容的祖父是举人，也是阳明学者王畿的弟子，叔父也是著名官僚，可以说他是成长在一个书香门第。而他却是个参加武举的怪人，这一点和前面讲到的邓钟是一样的。

通过在北方边境参与和女真族的战役等等实践，积累了丰富的军事经验后，他在万历二十五年（1597年）受巡抚金学曾之邀赴福建任职。虽然朝鲜的战火逐渐收敛，但局势依然紧张。两年前因被判断有危险性而一时被禁止的侦探派遣活动再开展时，⑥沈有容也被拟作候选人之一。

而此时倭寇仍在骚扰福建沿海，据点是位于海上的澎湖列岛。万历三十年负责清剿工作的沈有容在工作完成后又再走远了一点，在台湾岛西南部的大员上岸。这时随他一起去的朋友陈第写了调查报告《东番记》。⑦

当时的台湾，汉族移民还未深入；但作为和福建交易的中

---

⑥ 参考长节子「朝鲜役における明福建军門の岛津氏工作——『锦溪日记』より」，『朝鲜学报』第四十二辑，1967年。
⑦ 参考方豪《陈第东番记考证》，初次出版于1956年，收录于《方豪六十自定稿》，台北：台湾学生书局，1969年。

转地,它同澎湖列岛一起开始受到注目。而瞄上这片地方的不止有倭寇势力,还有新手"红夷"——荷兰人。和沈有容远征东番同一年,联合东印度公司(VOC)成立,正式开始在东亚的活动。

这一年由韦麻郎(Wybrand van Warwijck)率领的舰队从荷兰的泰瑟尔出发,第二年到达马来半岛东岸的北大年,而船队的小分队出现在澳门附近并袭击了前往日本的船只。另外,韦麻郎还往福建派出了漳州商人进行通商交涉。因为这批商人被扣留没能回去,第二年他亲自率领舰队前去谈判。

荷兰人的出现,在南方的海上掀起了新的风浪。葡萄牙人在澳门逐渐扎根之前,都是被当作倭寇的一分子。之后半个世纪,他们虽然仍被警惕对待,但总算是逐渐被接纳成为熟悉的存在。而"红夷"的出现重新唤醒了人们的警惕。

受当时的福建巡抚之命前去处理相关事件的沈有容,尽可能避免行使武力并通过翻译说服他们,最终成功让红夷开船回去。

不过,在击退夷狄的功勋背后,其实存在着复杂的内情:当时还存在着欢迎荷兰人到来的风向。

万历朝鲜之役之后明朝财政陷入困境,万历皇帝试图通过搜刮各地的金银以克服困境,向全国派出了一些宦官让他们处理此事,在福建的高寀便是其中之一。获得海的彼岸"有奇货"的消息后,他相当高兴。而他当时听到的,是吕宋岛的机易山(甲米地)盛产"金豆"。他很快向马尼拉的西班牙统治当局送去使者,派他们调查实情,不过后来知道那只是无中生有的传闻。

韦麻郎航海记(《东印度公司的起源和发展》)

当时的马尼拉,已经形成了唐人街(巴里安,Parian)。而没拿到去吕宋的通行证(当时,一年有十六份)就违法出国的福建人从未间断,到了"压冬"的时节,唐人街的人口已经超过了一万。⑧

而对马尼拉的西班牙统治当局来说,对中贸易也是他们的生命线,所以他们不得不承认数量远超西班牙人的华人的存在。不过,高寀派使者前来视察的时候,非常不巧离华人船员杀害西班牙吕宋总督只过了十年。丰臣秀吉威胁要派兵到马尼拉的事也记忆犹新,愈发疑神疑鬼的西班牙人最终发动

---

⑧ 参考箭内健次「マニラの所謂パリアンについて」,《台北帝国大学文政学部史学科研究年报》第五辑,1938年;陈荆和《十六世纪之菲律宾华侨》,香港:新亚研究所,1963年。

了针对华人的屠杀(1603年)。

麻烦的根源高寀势力还在寻找下一棵摇钱树,而正好这时红夷出现了。高寀收下了韦麻郎(汉文史料对 Wybrand van Warwijck 的称呼)献上的银钱(当时南洋的通货是西班牙的双柱本洋"real"),两方的商谈本来就快成功。然而因为沈有容的插手,结果商谈没能成功。

不过,这个事件不能简单地归类成宦官的贪婪。期待通过贸易获得利益的并非只有他。本来把红毛人带到当地的就是漳州的商人。"若没有税使(指高寀)的掺和,红毛番和民众间的交易也许会发展得不错。"(《李文节集》卷一四《报徐石楼》)正如泉州籍高官李廷机在书信中讲到的一样,对沿海地区的群众来说,夷狄并非赶走就好的存在。

来自故乡的信

和李廷机一样对福建的海外交易表示理解的政治家,还有叶向高。万历三十五年(1607年)叶向高升任内阁大学士时,李廷机早已入阁。上一次有福建人入阁要追溯到15世纪前叶,可以说是相隔甚久了。两人在成为大学士之前就被视作福建人的希望。李廷机虽然作为政治家没做什么了不得的事情,但在另一个领域名气不小。明末的出版界,像他这样(事实上)参与到书籍编辑中的人可以说是相当罕见,能和他比肩的只有陈继儒、陈仁锡这些。叶向高也在以《玉堂鉴纲》为首的各种书中露脸。他俩的名字就是福建的商标。

当时因为张居正事件的反作用，大学士的威势有所降低。李廷机因整日待在深宫却不愿对独裁权放手的皇帝，还有从下面抨击他的官僚们而两头受气。于是他闭门不出，连朝都不上，而想要辞职却不被批准，就这样浮在空中过了五年。而他这段时期的住所，则位于训练宫中仪仗用的大象的训练场（演象所）的用地之内。在徒有名头其实处于养而不用的状态这一点，他和他的邻居们没什么区别（《万历野获编》卷九"内阁"）。

在李廷机拒绝露面的这段时间里，其他同僚有人因病去世，而叶向高则成了实际上的"独相"。于是他被众人期待能够成为他们和皇上之间的通气口，因此收到了很多不同的意见和要求。叶向高的文集之中，则收录了部分这些声音。通过观察其中与他故乡有关的内容，我们可以一窥当时海外贸易的盛况。

万历三十九年（1611年）八月成为福建巡抚的丁继嗣，和叶向高是科举考试同科中式者。同榜登科者称为"同年"，有时人们会因这里的同窗意识，而结成亲密的关系。他们两人之间会有频繁的书信交流或许也因如此，而书信之中则包含着一些非常耐人寻味的内容（《苍霞续草》卷一九《答丁抚台》）。

丁继嗣需要面对的，又是福建人和倭寇的往来（"通倭"）问题。问题光靠地方处理不了，于是情况被上报到宰相那里，请求妥善处理的方法。而实际上，叶向高本人并没能处于局外中立的位置。有自称是叶氏家人的人作威作福进行走私，问题出在这些人身上。叶向高为自己辩白说自己和他们毫无关系，不过通过对照其他书信，可以大概知道叶家人或是某仆人确有干系。

当时，几乎每年都有从朝鲜送还的"漂海人口"，书信中也谈到此事。叶向高看穿了漂流者的目的地是日本——也就是说，这些人试图违反国禁。不过，他们并未受到重罚，只是被送回了福建。要说为何能这样从轻处置，只因在首都有说客从中出力。叶向高只是指出有这种情况，但并没有采取什么有效的对策。

走私中买卖的商品也有问题。武器弹药自然是不能容忍，而没收品中还有戚继光《纪效新书》、邓钟《筹海重编》各千部。如果这些倭寇应对手册被反向利用，产生的危险性可能会超过武器出口。叶向高觉得这个情况相当严重。

不过当时福建人最关心的，是琉球问题。万历三十七年（1609年），构成朝贡体制一部分的琉球，因萨摩岛津氏的出兵而被迫从属于日本。

第二年，琉球为说明情况而派出的使节来到了福州。而这时正好是本来要朝贡的年份，所以也没什么问题，不过两年后，琉球又以"报告被押送到日本的国王回国的消息"为名，在非入贡之年派使节团来到了福州。而在他们带来的商品里发现了"倭人、倭物"，这引起了不小的骚动。当时福州发生了逮捕"通倭者"的事件，也有倭人在鸡笼、淡水活动的消息传了进来。结果，出现了要重新审视是否要允许朝贡的声音。

叶向高提议只接受琉球的"常贡物"而把"倭物"退回，在形势稳定之前不许朝贡,请求皇帝批准。万历四十年十一月,朝廷下了相当严厉的决定——"十年一贡"。而此后琉球也在萨摩的逼迫下继续往明朝派送使节。

因为牵扯到琉球,"通倭"的问题变得更加麻烦了。宰相商量事情的好伙伴、他的同乡董应举(1557—?年)在同年十月,上奏应该实行针对日本的强硬海禁(《崇相集》卷五)。叶向高对他的提议表示理解,但认为不应将福建看作铁板一块,他觉得对于将对日贸易当作生命线的漳州、泉州来说,海禁是不可能的(《苍霞续草》卷二〇《答董吏部》)。把他的话反过来解读,可以知道当时不只漳、泉,福州人也相当程度地参与进了走私活动。

这些问题一下子爆发出来,是在万历四十二年四月的福州。⑨ 当时高寀依然赖在福建,做着不少和走私相关的勾当,比如制造通倭用的大船。而他又被同时委以广东的税务工作,正准备朝广州出发,这时怕他赖账的商人们拥到他的宅邸门口。虽然在现场官员的调解下状况一时和缓下来,不过之后又有好事之徒试图闯进去。被逼到走投无路的高寀反而闯进了巡抚的公署(《崇相集》卷三《纪珰变》)。听说此事的叶向高,有点夸张地评论此事为"宇宙间的一大变"(《苍霞续草》卷二一《答林楚石》)。

后来,以高寀向地方官谢罪的形式,这件事逐渐收场,不

---

⑨ 参考奈良修一「明末福建省の高寀に対する民変について」,『山根幸夫教授退休記念明代史論叢』(上)。

过只要他还在福州,火种就没有消失。叶向高觉得直接从正面劝朝廷召回高寀可能不会被听取,于是向皇帝劝说"再这样下去高会有生命危险"。他的劝说发挥了作用,高寀在九月启程回北京。

一般来说,这个事件会被定性为市民对宦官掠夺行为的抗议行动。不过,如果将这件事发生在通倭问题热度很高的时期也纳入考虑,这件事另一方面的性质便会浮现出来。涌向高寀宅邸的商人们毫无疑问是受害者,不过其中想必是有沾了高寀的不正当生意的光的人。高寀考虑转移到广东,一来是受到同僚宦官死去的冲击,二来和社会上对通倭的非难逐渐增多应该也有关系。当看到这么贪婪的一个宦官也有弱点,觉得拿出去的资金要这样被赖掉可不行的商人们恐怕因此腰杆子硬了,便一拥而上。

倭船出现

万历四十四年(1616年),又发生了新的骚动。这次的主角是长崎地方官村山等安向台湾派去的船队,船队的出现造成了不小的影响。岩生成一(1900—1988年)的研究以英国商馆馆长考克斯的日记等欧文文献为主,以汉文史料为辅,从日本的角度考量了这个问题。⑩ 而本节准备从中国的角度来

---

⑩ 岩生成一:「村山等安の台湾遠征と遣明使」,《台北帝国大学文政学部史学科研究年报》第一辑,1934年。

回顾一下当时的事态。

由村山等安之子村山秋安所带领的船队从长崎出港的日期,是这一年的三月。不过,船队在琉球海域遭遇了暴风雨,指挥官村山秋安的船只去向不明;其中一艘船到达台湾后,船上的船员刚上岸就被岛民包围并全部杀害;剩下的船只中有一组在浙江沿岸胡作非为,打死打伤了一千二百人。另一方面,明石道友带领的搜寻村山秋安的两艘船,在福州东北方向海上的东涌岛现身是在五月份。而仅仅只因这两艘船,福州一带就陷入了恐慌,居民纷纷逃向省城。

这时被派去负责侦察的,是一个叫董伯起的男人。他虽然被敌人抓到,但他通过翻译和倭寇说估计失踪的船差不多也该回国了,以此试图说服倭寇回国。最后以他作为人质随行为条件,这两艘船老实开回去了。而董伯起陈述来龙去脉的信也送到了省城,戒严态势也随之解除。

而把有这般胆力的青年推荐上去做侦探的,是他们一族中颇有权势的董应举。正如前面讲到的,他是陈第的好友,琉球事件之后他主张应该针对通倭的情况强化海禁。我们可以通过他的文集《崇相集》中收录的书信来追溯当时的来龙去脉。

村山一行离开后,不知和他们有没有关系,没过多久警报又被拉响。在日本有妻儿的华人陈思兰(董应举称他的女儿为"王妃",可能因为她嫁给了长崎一带有权势的人)等人又驾十艘船攻了过来[卷九《答叶(向高)阁下》]。董应举为防这种事态,之前就开始建设堡垒(《论邻垒文》)。他在过去的有关海禁的上奏里提过,"某公"(这里没有明说是谁,恐怕是福建的权贵)的爪牙甚至遍及日本,他这么做是为防在"某公"的唆使下的"通倭之人"要他性命(《答项听所年兄》)。而他的家人虽然想要去省城避难,但他觉得这样只会助长通倭派的气焰,坚决不同意。

第二年即万历四十五年,明石道友带着董伯起,又带着幕府写给皇帝的书信再次渡海而来。这次的目的是要求通商。面对这种难局,董应举要求起用过去曾成功完成和红毛交涉的沈有容。

面对假装恭顺来要求通商的明石,沈有容采取了不接受将军的书信,而温和地让来人回去的应对方法。另外,他还成功招降了从浙江闯入福建的一部分村山船队。

这次事件的影响相当之大。首先,董伯起被绑架去日本的时候国内出现了各种风言风语。比如,有说他实际上带回了和倭人成功交易的商品,偷偷藏在董应举家里;或是说他被倭人拉拢还剃了头,成了他们的喽啰(《与韩壁哉》)。

董伯起承受着众人怀疑的目光,而在这种情况下能热情将他迎回的也只有直到临终都牵挂海防的陈第。不过,董伯起却带回了日本的内部情报。虽然在日本的"通倭者"试图要他性命,不过他受到了生于福州、现居日本的华人们的保护,在他们的牵线下,他在一个月后见到了"新上位的武藏王"(德川家康死后掌握实权的德川秀忠),被准许回国。在这期间,他还接触到了"宠臣忠一"等等幕府的人物,打听出幕府和萨摩之间的紧张关系,以及幕府对琉球并没有那么大的执着的情况。董应举根据这些消息,想到给萨摩施加压力,再对幕府做工作以解放琉球的点子,以及可以把"归顺"的明石道友用在交涉方面(《与韩璧老》)。

周围的人对董应举的焦躁并不一定有共鸣,他在当地社会似乎是一个有点游离在外的存在。他所推举的沈有容,也因没有痛击倭寇而是采取招抚的方式而受到人们的怀疑。谁才是真正的"通倭者"?当时福建人之间经常为此互相猜疑。

记 奇

然而,并非只有福建暴露在倭寇的威胁之下。在浙江嘉兴过着闲适生活的李日华,也对海外的信息留了一耳朵。下面一起来看一下他的《味水轩日记》中的几段记录:

> 万历三十七年(1609年)五月二十四日
> 杜夏卿来和我谈了海中有寇的事情。倭寇以船为家,船长数十丈,宽十余丈,外面用牛皮裹了三层,内侧是砖壁,他们住在排成一列的房间里,随潮漂泊。有过万人手,遇到适合耕作的岛则耕之,之后又会跑出去劫掠。为首者叫沈碧峰,宁波人。……四月初旬海警即是因为此贼。……夏卿平生喜谈兵,今年七十六,依然如此矍铄。

> 同年七月二十二日
> 上海僧侣来访,从他那里听说了四月"倭警"。是有六艘大船的海商,准备去"大唐街"。大唐街,在漳州对岸

> 的大洋之中，顺风的话二十天就可以到。地处日本、琉球、大西天、小西天诸岛之间，因而华夷商人都聚集在此。听说自从我浙警备逐渐严格，此处收容的奸徒也越来越多。

大唐街指的是长崎。而四月警报的对象，按照给李日华带来消息的两人的说法，则是拥有相当势力的海盗商人。

> 同年九月七日
>
> 拜见了周幼华，当地的长老都聚坐一堂。其中有一位在福建、广东有工作经验，便谈到了海事。……澳门、海澄、大唐街现在都是诸夷的贸易之地。近来有吕宋国人引"红毛番"入东海做交易。红毛番红发黑脸，脚板长二尺余，本罗刹种也。……他们的船很长、大，可载千人，整船都是夹板做的，而以皮革绑在一起。帆和桅杆都很大。遇到别国的船，如果他们用帆来卷别人的船的话，没人能逃脱。他们横行海中，最近盯上了日本。……岳之律说，利玛窦是澳门派来内地侦察的，因为最近有扫除澳门之议，所以他来了。

马特里也夫舰队在被沈有容赶跑后的第三年，依然在中国近海游荡，而在李日华写下这则日记的这年，平户开设了荷兰商馆。在东亚海域阔步的红毛人的脚步声也微微传到了李日华周围。

与此相比，利玛窦早已定居北京，并获得了相当多的支持者，而此时澳门的葡萄牙人决定赖在那里也已经半个多世纪，他们在中国的存在逐渐被认知。不过,三年前澳门人为了防备荷兰人的进攻,准备建造城塞的时候,当局对此颇为警戒。有传言说可能他们在密谋侵略,而利玛窦的同事郭居静(Lazzaro Cattaneo)则在传言中被说成是这场叛乱的首领。后来虽然洗清了嫌疑,⑪不过通过下面这则日记,可以看到当时虽然事情已经过去很久,但不好的风评仍然在民间传播。

> 同年十月二十四日
>
> 沈晴峰先生来访。从他那里听说了从海岛回来的福建商人讲的事情。听说平酋被部下康伽所杀。伽父子磨砺兵器、修整船只,日夜为合并朝鲜做准备。

"平酋"是丰臣秀赖,"康伽"则是把家康反过来念。不用说,这里讲到的事情当时并不存在。不过,幕府通过对马的宗氏试图恢复与朝鲜的国交,并就此结成条款正是同一年。和琉球一样,人们对朝鲜"会不会也屈服而入倭"的担心,令这则误报有了真实感。

> 万历三十九年正月四日
>
> 海盐乔县令来访。谈了日本和琉球的事。他觉得,"我国既然受琉球历代朝贡,就不该对此置之不理。即便无暇派兵,也应该以其附近海岛为据点,等待琉球臣民气运恢复,再策应他们。对此福建、广东二巡抚不应噤声,令远夷觉得中国不足以为倚靠"。

---

⑪ 『中国キリスト教布教史 一』,第99页。

万历四十年七月十六日

　　董参戎在马心印的介绍下来访。他对海上的事情甚为熟悉。听他说,"各郡市的商人,以到普陀山(宁波东部海上的灵地)进香为名,私带纺织物前往诸岛贸易,往往获厚利而返。之后相逐成风,松江税关日日有渡客,却当作平常不知道禁止。过去,倭寇老大徐海等拉海商入伙,成了东南数十郡之大害。当事者怎么能对这种情况没有戒心"?

同年十月十三日

　　杜筌湄(即前面出现的杜夏卿)来访。他今年七十九岁,驼背,耳朵听不清,不过讲到军事就停不下来。他说,有张姓海澄人在日本,日夜谋划进犯中国。闽浙淮扬,北至山东都应该注意防范。临别时他留下了一本《边防议》。

李日华并非对海岛的事情有特别的关心。看日记可以了解到,这些商人带来的海外新闻,对他来说和古董情报一样都只是一种"奇",二者并没有什么差异。这和他偶尔会记下来的《邸报》(首都来的官报)中的"河南周氏生一女,尖嘴、眼生额上、脑后有洞"(万历四十三年八月二十日),或是"吕宋国人多贞信,夫妇一生只交合一两次,交合了必定怀孕,怀孕了必定会生下来,生下来的孩子必定长寿。每对夫妇只生一子一女即止"(万历四十一年四月五日)这样的传闻,在他心中几乎等价。

191

不过,他还写下了《嘉禾倭寇纪略》这本书,试图向后世传递对于半个世纪之前倭寇肆虐故乡的相关记忆,应该说他对海防问题要比常人来得更为敏锐。他这样的人只要准备认真考虑一件事情,就能从各种地方搜罗到相关情报。像上面出现了两次的杜姓老人那样,对海的那边发生的事情,或是海防,了解很多又愿意说给别人听的人,南方有很多。人们对于倭寇的记忆此时依然非常鲜明。

晚开的花

徐光启(《徐光启集》)

万历四十年(1612年),当时在北京的徐光启,听到从故乡上海传来的"倭警"后,劝自己家里人今后每年清明节到五月都要去杭州避难。从他悄悄嘱咐家人避难这一点来看,会让人感觉他比其他人抢先采取了行动,但可以说这是一直在进行倭寇研究的他理所当然的反应(王重民整理《徐光启集》卷一一《家书五》)。当时的他已经年过五十。他考上进士的时候是四十三岁,和多数人比起来相当晚。而在这稍显太长的途中,他遇到了两位对他非常重要的恩师。

其中一位是比他大十岁的利玛窦。徐光启在广东韶州当老师的时候遇到郭守静,由此接触到基督信仰,而在万历二十八年(1600年),他终于在南京见到了期盼许久的利玛窦,又在三年后接受了洗礼。

入教后的第二年,他通过了科举,虽然排名不是那么靠前。比起对他评价没那么高的考官,之前在北京顺天府进行的乡试(徐光启也是为了更高的合格率而跨省考试的考生中的一人)中,对他的答案大加赞赏的大学者焦竑(1541—1620年)才是他视作"座师"(合格考生和考官会结成师徒关系)的那一位。是焦竑把一度被筛掉的徐光启的答卷发掘出来,并将其列为首席(《徐文定公行实》)。焦竑喜爱李卓吾的奇矫,也是山人陈第的保护人。徐光启的答卷中,想必也有能够刺激他的好奇心的东西。

徐光启虽然在科举上绕了很远的路,最终还是进了翰林院。信徒之中还是第一次出现这样的精英,这对基督教方面来说也是一个大新闻。不过,在当时的官界,徐光启的存在并没有利玛窦他们描绘的那么重要。而且徐光启正要大展宏图的时候,父亲就去世了,等他服丧结束复归官界的时候,利玛窦已是故人。

万历四十一年，徐光启以生病为由辞官，在天津买了土地，忙起了农业实验——不过四十四年他又复职了。这一年发生了反基督教运动（南京教案）。反对派的攻击点之一，是传教士的背后隐藏着外国的武力。徐光启作为信徒否定了这一点，但他对"倭寇"依然保持着警惕。

他的论文《海防迂说》（卷一）回顾了胡宗宪时代以来的中日关系，又讲到了大坂之役和德川家康去世的情况，还预测继任的德川秀忠会承袭父亲的故智，采取对朝鲜、台湾鸡笼两头盯紧的交易战略，又认为为了防止他们采取军事行动，可以准许交易。徐光启对大海彼岸的关注甚多。

他也一直在推进自己关于北方边防的研究。万历四十六年（1618年），努尔哈赤对明宣战，并在第二年的萨尔浒之战中大举获胜。而此战只不过是拉开了之后二十五年满汉对抗的序幕，更令明朝记住了这个不同于之前的北虏（蒙古人）的强敌。

危机的出现，令徐光启常年的军事研究有了出场的机会。他献上的三本上疏（卷三《练兵疏稿》），引起了朝野的注目。其中讲到的内容大致包括下面几点：

一、武器的问题。敌人正在准备铁匠、精铁，充实甲胄、马具，而我方的武器则有所逊色，需要尽快增强。

二、应把重点放在守备而不是野战，为此需要尽快整备能够保护北京的铳台（炮台）。野战中若是用新兵器——大炮，打得不好的情况下战败，可能会有兵器眼睁睁落入敌人手中的危险，所以大炮应该只用于守备。

三、新兵的训练。

四、辽东战线中应起用南方出身的将兵。

五、对朝鲜的军事监督。

关于最后一点，他之后自己扛下了出使朝鲜的任务。朝鲜虽然向萨尔浒派出援军以表现朝贡国的忠诚，但因明军战败之后的走向出现了不确定性。传教士们给徐光启起了一个与给异教徒传道的行为非常相符的洗礼名"保禄"＊。而在徐光启监视朝鲜动向的同时，在对其进行军事指导的计划的背后，这些传教士正在谋划向朝鲜布局。⑫ 不过，被怀疑与女真通谋的朝鲜方面对这次荒唐的遣使反应很大（《光海君日记》卷四），计划本身最后也不了了之。

被交以训练从山西、陕西、河南三省召集来的民兵的任务的徐光启，计划起用有抗倭经验的南人教官（卷三《恭承新命谨陈急切事宜》）。戚继光培养的"戚家军"在北方边疆的防卫工作中担任中心角色，还有在对付丰臣秀吉的军队时被动员起来的"浙兵"等等，可以说，明末南兵的活动非常惹眼。他指出南人中有一技之长、可以用作将官和领导者的人很多，并提议从江苏募集"长枪、叉铛、钩镰的教官"、从浙江募集"长枪、刀牌的教官"、从福建募集"俞家棍（俞大猷军中流传出来的棍术）的教官"、从广东（澳门）募集"西洋大小神铳的巧匠"各十几名。

＊ 又译"保罗"（Paulus），也是早期基督教重要传教者的名字。圣保禄以向非犹太人、外邦人传教知名。——译者

⑫ J.G. ルイズメデイチ：『遥かなる高麗』（原著1986年），东京：近藤出版社，1988年，第107—109页。

从零开始训练近乎白纸一张的民兵是一件非常困难的事,徐光启硬着头皮这么做,是因为他觉得改良负责首都区域防御工作的京营兵要更困难。不过好不容易完成训练后,成果却不像他期待的那样。不过通过这件事情,他军事通的名声确立了下来。

天启元年(1621年)他为了养病曾一度归乡。当他再次回到首都时,那里正因辽东的中心城市——辽阳的陷落军报而动荡不安,于是他提议起用处于自己庇护下的传教士毕方济(Francesco Sambiasi)和阳玛诺(Emmanuel Diaz)来当西洋大炮的炮手(卷三《台铳事宜疏》)。另外,他还试图通过既是同志又是教友的杭州人李之藻,从澳门找来大炮和会使用大炮的技师。不久后到货的四门大炮中的一门,因为在五年后的战役中令努尔哈赤一败涂地,还被授予了"安国全军平辽靖虏大将军"的称号。

北方战线

徐光启的军事才能虽然广受瞩目,不过他还是一个文科举合格的传统精英。

而危急存亡之秋,对一些在传统人才选拔制度中落选的家伙来说也是一种上位的机会。茅坤的孙子茅元仪(1594—1640年)也因这样的机会而能够在历史舞台上崭露头角。托祖父的名声和科举出身的官僚父亲的福,他有不错的人脉,和董其昌、叶向高这些名士都有交流,却被没考上进士这个严酷的现实挡住了前路。

军事研究为他的崭露头角派上了用场。幸好,他继承了祖父丰富的藏书和军事研究的事业。他花了十年以上的时间完成的《武备志》是一部多达二百四十卷的大部头书籍。书中以两千余种书籍为材料,对中国历代兵法、武器等进行了详细的论述,其中穿插了大量图版。和他自许的一样,《武备志》可以说是当时中国军事研究的一个最高点,反响之大以至于此书在日本也被翻刻(1664年)。仅凭这部作品就足以让他留名青史。不过,对二十八岁完成此书的茅元仪来说,他的人生才刚刚开始,《武备志》不过是他到达的一站。

他完成《武备志》的那一年,正好是辽阳、沈阳相继陷落的天启元年(1621年)。对茅元仪来说,这正是把这本著作当武器,向要人宣传自己是军事通的绝好时机。他对飞黄腾达似乎没什么兴趣,一直固执地拒绝任官的邀请。不过,他一直在参加张居正名誉恢复(呼吁恢复"强力政府")等等运动,是个喜欢出风头的人,也热衷于建立功名(下面的记录参考茅元仪文集《石民四十集》和《督师纪略》)。他在少年时代曾在北京拜访过利玛窦,走上仕途没多久又认识了徐光启。而在十五年后,徐光启已以军事通著称,茅元仪依然不懈地向他宣传自己的作品。

第二年,发生了一件更加令北京震撼的事情。因辽西的中心城市广宁陷落,明朝的防守线一下子往后退了很多。经略熊廷弼和巡抚王化贞这两位军事负责人在路线上发生的对立,是造成这种大失误的重要原因。

在二人下台后,成为前线最高指挥者的孙承宗亲赴山海关积极进行视察,愈发确信必须保住已经成为前线的宁远。而茅元仪则受孙承宗所招,成为他的智囊。

天启五年,孙承宗因为与魏忠贤不和而下台,茅元仪也随之被剥夺官籍。不过,运送在第二年正月宁远大捷中发挥威力的大炮(徐光启、李之藻让运到北京的大炮)的车辆,正是茅元仪制作并运至关外的。

他一时回到了南方,不过因崇祯帝即位,政界空气一新,他再次上京,这次他把《武备志》献给了皇帝。之后,这本书似乎成了皇上的爱读书籍中的一本(《石民横塘集》)。不久他又受到中伤而被放逐,不过崇祯二年(1629年)后金军直逼北京的时候,他因保护已经复职的孙承宗突破包围而受到注目,被委以训练辽东半岛海域觉华岛水军的任务。不过,很快他又被免职,不仅如此他还被扣上诱发兵变等等污名,成了罪人被调到了福建。茅元仪虽然并不是大官,但反对派对他畏如蛇蝎(《三朝辽事实录》卷一五),由此也可以看出他在北方战线上影响之大。

沽之哉

在军事上发挥异能的南人并不止茅元仪。徐光启的弟子、毗邻苏州的嘉定人孙元化(1581—1632年)也是个在科举上郁郁不得志的人。⑬ 天启二年(1622年),他和当年的徐光

---

⑬ 关于孙元化的生平,参考黄一农《天主教徒孙元化与明末传华的西洋火炮》,《"中央研究院历史语言研究所"集刊》第六十七本第四分,1996年。

启一样，为不知道考的第几次试而上京。

虽然这次也没考上，不过他主张利用"西番（欧洲）的火器、铳台"的上疏被孙承宗注意到（《督师纪略》卷二），他被任命视察山海关外，并在八月呈上了《铳台图说》。关于建造装备了大炮、铁炮的要塞（铳台）的必要性，徐光启之前已经在极力强调，不过看起来并没有会实现的趋势。而孙元化的动作可以说也是在代老师行事。重任首辅的叶向高也对他的才能给予了肯定（《后纶扉尺牍》卷四《答孙赞画》），他逐渐崭露头角。虽然他只是个举人，但被破例提拔成了巡抚。

而他所管辖的登州、莱州位于山东半岛的北岸。这里和辽东半岛遥相对望，在海上攻防、与朝鲜联络这两点上，这里都是要冲。天启年间，身经百战、带着福州水兵的沈有容曾被任命为这里的总兵官。或许也曾对这位福建的守护神有所期待，但最终，老家杭州、坐据朝鲜边境上的皮岛的一世枭雄——毛文龙（1576—1629 年）和他之间配合得并不好，不久老兵沈有容也辞官还乡。

孙元化就任巡抚的时候，因毛文龙之死，明军对后金军后方的威慑力也随之消失，他所管辖区域在战局中所占的比重也愈发增加。和老师徐光启一样，他同时也是基督教徒，借从澳门带来大炮和炮手的耶稣会士陆若汉之手，他勤奋练兵。不过崇祯四年（1631 年）发生了叛乱，优质的兵力和炮术都落入敌人手中，这反而为女真人压制明朝提供了力量。

虽说结果尽是挫折，但茅元仪、沈有容、孙元化的异能在对女真战线中崭露头角一事还是值得专门一提的。以北方为目标行动起来的南人并不只有他们。叶向高指出,天启年间努尔哈赤身边的汉人几乎都是江浙出身(《后纶扉尺牍》卷四《答董见龙》)。而在其他文献中,也能看到有人指出努尔哈赤的亲信中有负责管理水兵的南人(《三朝辽事实录》卷二)。像茅元仪这样为寻求机会而投身北方的南人"淘金者"不在少数,其中甚至有人加入了敌方。

不仅是直接到北方出马,南方还对事态作出及时的反应并进行着兵书的出版。比如,当时有一本叫《兵镜》的书。跋文的作者介绍,是新安的吴惟顺在伯父江村(即第一章中讲到的吴廷)的介绍下开始编写这本书,主要议论时局,后来同族的吴鸣球的著作也被加入其中。修正《登坛必究》《虎钤经》《武备志》《武编》这些"近时的兵书"在叙述上的漏洞,是这本书的卖点。

又如,湖州闵氏在天启元年出版了有陈继儒序的《兵垣四编》,茅坤的同族刊行了有阳明先生批注的《武经七书》。前者,明明加进去了嘉靖年间完成的《九边图论》和胡宗宪幕僚殷都的《海防图论》,编辑者却说"对辽东事态的激愤是编书的动机",让人感觉名不副实。后者则是原原本本的古兵书。不过,徐光启对后者高度评价(《徐光启集》卷二《阳明先生批武经序》)。因为对他们来说,近、古的兵法都是一样有效的实战手册。

即便如此,把兵书反复加工、变着法子编出不同版本的行为,只能说是南人的传统手艺了。比起直面战场、对现场具有丰富体验的北人,远离战地的南人声音也很响,这很有趣。以套印(朱、墨二色印刷)出版知名的茅氏、闵氏,像是在竞技一般出版着兵书。

南人对北方的动作虽然早在"后金之前"就已经开始,但北方边境的紧急事态给了他们新的活跃的舞台。喜欢得意洋洋地论兵,更能实际运用兵法上前线带兵打仗的南人非常之多。

由南向北

通过阅读福建名将俞大猷《正气堂集》中所收录的书信,我们可以看到,他最想发挥自己才干的地方其实是北方战线。他在讲到应对骑马军团的车战战术时口吻非常激昂——他内心觉得,东南海滨并非自己的舞台。

汉民族长期以来都为匈奴以来游牧民强大的军事力量而苦恼。甚至可以说,农耕对游牧这般的南北对抗是东亚史的基调。与此相比,从海上打过来的倭寇的历史就显得既浅且短。明代中期虽然出现了"北虏南倭"的态势,但实际上中央政府比俞大猷还要看不起南方的倭寇。

不过对南人来说,倭寇的出现具有重大意义。虽说影响只限于沿海地区,但对南方人来说这样长期出现的敌手,倭寇是第一个。南宋时代,金、元这些强敌虽然存在于淮水之北,但并没有构成日常威胁。而倭寇虽然没有带来王朝灭亡这样的大灾难,但一直进行着波浪式的骚扰。更重要的是,明朝内部长期存在招引倭寇的势力这一点,是不同于以往的一种情况。

也正是因此,南方沿海的人们才第一次真正被迫去认识到"外部"的存在。问题的严重性还在于外部与内部是紧紧相连的。把外部的事情一股脑当作"化外"之事已经不能高枕无忧。

在嘉靖大倭乱之后出生的几代人,也继承了这种问题意识。他们对军事的关心,最先就是由倭寇问题唤起的。而由此培养起来的军事眼光,之后投向了北方。针对倭寇的战术自然不可能直接可以套用到北方战线,不过我们需要注意到,明末的军事通们确实把对倭寇的认识当作思考别的问题时候的一个支点。叶向高写过叫作《四夷考》的书,书中能看到,在他伸向四方的天线中,灵敏度最高的还是关于北虏的记录。但作为福建人的他的出发点,毫无疑问还是对倭寇的经验。即便是徐光启,他国防论的原点还是在倭寇研究。

以江南为中心的中国南方,早在元朝的时候就已经是东亚的经济中心。不过,南方在政治方面依旧是边缘地带。南方的知识分子虽然在文化上满怀骄傲,但还是有一些没能化解的情结。对倭寇的体验以及在其延长线上的南蛮、红毛的存在,并没有能彻底改变南人的意识。不过,这些经验像一记躯干重击缓缓起效,为南人打开了一扇全新的认识世界的门。

第六章　一技之长

万丹的中国人(《向东印度列岛的航海》)

下南洋

前面几章主要围绕以成为精英为目标的人物做了一些讨论,讨论内容主要涉及美术、学术等方面。本章准备把范围再扩大一些,来看看南人往海外的活动。

因宋代以后海外贸易的发展,华人开始向南洋(东南亚)活动。尤其是从元代开始到明初郑和下西洋之间的这段时期,有相当数量的中国人在东南亚各地活跃,而当地华人也形成了自己的定居区域和社会关系。

不过因为明朝的海禁,这种趋势一时间被压制住了。当然之后依然有人非法出海,不过东南亚各地的华人移民传承中存在着空隙,这意味着华人的流入确实有停滞的时期。在葡萄牙人出现的时候,当地对华人活动的记忆已经半传说化。由此看来,十六世纪初的东南亚华人并没有那么大的存在感。

华人真正开始往东南亚发展,要等到前面讲到的隆庆年间(1567—1572年)海禁解除。解禁后,大量人口开始大摇大摆奔赴海外,而在当地过冬的人们则形成了定居地。特别是马尼拉,有大量华人前去经商,当地形成了称作"帕里安"的聚居地。万历十七年(1589年)开始,政府发行的从漳州出港的文引中,增加了对目的地的限制。在东洋、西洋各四十四枚文引之中,驶向东洋的吕宋的船只就有十六艘(实际上驶向马尼拉的船只的数量还要加倍)。而1603年发生的万余华侨被屠杀的事件,是这般大量移民的一个反作用力。另外,与菲律宾相比,航行难度更高、交易利润更少的西洋航路(暹罗、爪哇等)的目的地也形成了华人的聚居地。前面讲到的给荷兰人引路的漳州商人,想必也曾在北大年和工作现场之间往返。在北大年,万历年间漳州人张某甚至获得了"大酋"的地位。他虽然为了躲避纷争一度逃跑,但等新女王上位之后又回到当地。虽然后来他因为亲女儿向女王毁谤他,说他在策划谋反而被逼自杀,不过他儿子还是继承了他的位置(《东西洋考》卷三"大泥")。他的儿子估计被期待能在联系漳州人的关系网上派上用场。当初漳州商人当荷兰人的先遣队来到当地的时候,身上还带着"国书"。执笔"国书"的人不用说一定是商人之一,这一点也体现出他们在当时的北大年享有相当的地位。

稍迟一些,日本人也开始了朱印船贸易,在南洋各地形成了日本人街,不过不管船只的数量、聚居地的规模都还是中国占上风。

这些城市里,关于万丹的唐人街,岩生成一曾写过介绍。[1] 位于爪哇岛西北部的万丹王国兴于十六世纪,而它能在十七世纪迎来全盛期,很大程度有赖于贸易。国王任命的六名"财副"(当时的东南亚国家经常会让作为贸易对象国的外国之人来担当此职,称"沙班达尔")中有四名是华人,余下的两人则是"番财副"。

十七世纪初,每年能有五艘左右的六百吨级的帆船到访当地。一艘船里乘客的构成,大致是船员八十人、商人四十人,然后还有为寻找工作而上船的三百六十人。一些当地的中国商人,会配合船只到港的季节来收购胡椒。资料表明,他们同时担任欧洲人收购胡椒的中介,自己的商业网也遍及内地。当时中国人聚居地的人口,大约是三四千人。巴达维亚

---

[1] 岩生成一:「下港(Bantam)の支那町について」,『東洋学報』第三十一卷第四号,1948年。

建起来后,华人的活动场所便转移到了那里。

要说华人向贸易地移民的数量,整个南洋加起来大概要超过十万人,不过这和十九世纪之后达到数百万的移民数量相比就没什么了不起了。不过,他们对外国与中国本土的贸易,以及当地的开发来说却是不可或缺的存在。早在明初,东南亚诸国对中国朝贡的时候,华人就作为使节、翻译、船员活跃其中,而到了这个时期他们对当地社会的参与程度更上一层楼。早期的荷属东印度公司也不得不向华侨借力。制糖、采燕窝等等后来产生巨大利润的行业,也是由华人开辟的。顺便一提,燕窝出现在中国人的餐桌上是十六世纪末到十七世纪之间的事情。

另一方面,华人带回来的银子(西班牙的双柱本洋)推动了中国的经济,也成了世界经济流通的一环。当时奔赴海外的主力是漳州人和泉州人。虽然之后的南洋华侨以福建人和广东人为主,不过这个时代的漳、泉人不仅为后人开辟先河,还在世界史中扮演着重要的角色。

小吏产地·绍兴

南人的活动范围不仅仅是海洋。明代后期,浙江台州的王士性(1547—1598年)写下了《广志绎》这本地理书。书中,他对离故乡不远的绍兴、金华人的活动有所记录,引用如下:

绍兴、金华两地,人多壮游在外。(绍兴府管辖下的)

山阴、会稽、余姚人口很多,所以房舍、田地都不够供给一半的人。脑袋转得快的人去首都当胥吏,北京没有一个政府部门里没有"越人"(绍兴人)在的。其次是做商人的,北京城门西南一角,三县之人(的房子)鳞次栉比。

(金华府管辖下的)东阳、义乌、永康、武义则在万山之中。居民多彪悍,不喜欢从事农业。岛夷之乱后,这几个地方的人很多从平民成了有一定地位的军人,不如他们的人也通过经商致富。也因为这个原因,(北方)九塞、(南方)五岭满地浙兵。(卷四)

另外,就像书中讲到的,"宁波绍兴人十中有七在外地,不知道为什么他们人那么多",绍兴府及其南边的宁波当时处于人口过密的状态。对在激烈竞争的科举中没能胜出的人来说,还有去政府当下级官吏这条补救道路。与好歹是通过人事调查来决定调动的科举官僚不同,在这些有实际业务的岗位上,地缘、血缘关系非常行得通。十七世纪初,绍兴人正是在首都的政府业务圈里建立了自己的关系网。

从文献看来,绍兴人在外的活动当时似乎相当受人瞩目。本书多次引用的《万历野获编》中,也讲到"户部的胥吏,尽是浙东巨奸"(补遗卷三"历法")、"一入衙门,则前后左右皆绍兴人"(卷二四"畿辅")等等。江浙是国家的财源地带,当地出身的官僚如果参与财政工作,有可能会牵扯到私情,所以原则上禁止江浙人到户部当官。这一规定,进一步强化了江浙人觉得自己被中央政府剥削的被害者意识。不过,明末确实出现了精于算术的绍兴小吏,他们架空不精统计的官僚而独掌衙门,在背地里操纵国家财政。北京落入李自成军队手中时,南还故乡的人流之中,"日日都有数以千计的浙江书弁"②。而之后他们再次回到已经处于清朝统治下的北京,进一步站稳了脚跟。

说起绍兴人为什么能成功打入北京,有一种说法是说因为有 1601 年担任内阁大学士的绍兴人朱赓的门路(《啸亭杂录》卷五"明末风俗"),不过这种门路最多只能说是开端,能够持久扎根的原因目前尚不明了。不过,如果要探讨北京这座城市的文化,想必不能忽略这些绍兴人的存在。

另外,清朝的地方官雇来干活的"幕友"中,也有很多绍兴人。③ 鲁迅的故乡,虽然不起眼但可以说支撑起了明清历史的某一角。

金华则是戚继光组建"戚家军"的地方。后来,随着指挥官前往北方边境,一部分"戚家军"也一同北上。即便在戚继光离开人世之后,他们依然继续活跃着。包括戚家军在内的"浙兵",在与丰臣秀吉、后金的战争中起到了重要的作用,因而徐光启才会想要活用南兵的力量。

江西人在外省

王士性讲:"江、浙、闽三处,人稠地狭,合起来也不及中原

---

② 岸本美緒:『明清交替と江南社会——一七世紀中国の秩序問題』,东京:东京大学出版会,1999 年,第 184 页。
③ J. H. Cole, *Shaoshing: Competiton and Cooperation in Nineteenth-Century China*, The University of Arizona Press, 1986.

一省。因此没有一技之长则难以糊口,不去外地则即便身怀绝技也难以变现。而在江西,这种情况尤为严重。"不带本钱徒手空拳出门去,回来的时候已经小有家产,能够实现这种人生路径的职业,主要有堪舆(风水师)、星相、医卜、轮舆、梓匠(木工)等等。

王士性到云南当官时,发现那里的江西抚州人不是一般得多。一开始他以为来的都是商人,只是到城里做生意,不过之后发现不仅如此。他们深入山里的少数民族居住区,一手包办当地人和官府的谈判,甚至足迹还到了缅甸(卷五)。比王士性稍晚些,游历云南、贵州的大旅行家徐霞客也在去到的地方发现了江西人的聚居地。

江西位于从广东去向江南的途中。正如利玛窦所记录的那样,广东、江西两省交界处交通量非常大,④加上经由广东、澳门的贸易的盛行,使得江西成了经济的干线。江西人一面接受着外部的影响,一面为了解决卫匡国提到过的"老鼠般的繁殖力"所造成的人口过密而开始向外地活动。大泽显浩指出,明代后期的江西人和在江西当官的人中,有不少人参与了地理书的编纂。⑤ 前面讲到的《广舆图》作者罗洪先也是江西人。他们对交通这个意象非常敏感。

另外还有一个事物,从当时的江西普及到了各个外省。这就是采用了"弋阳腔"(这里的"腔"是旋律的意思)的戏曲。

---

④ 『中国キリスト教布教史 一』,第 314 页。
⑤ 大澤顕浩:「地理書と政書——掌故のあらわした地域」,小野和子編『明末清初の社会と文化』,京都:京都大学人文科学研究所,1996 年。

弋阳位于江西的东北部。有资料说这里产生的歌曲,最早在永乐年间就传到了云贵地区(《南词引正》),这可能有点夸张。不过到了明代中期,弋阳腔毫无疑问已经传播到了两京、湖南、福建、广东(《南词叙录》)。这应该是随江西人的移动而产生的传播。

昆曲的普及

在歌曲以及表演的世界,存在南曲和北曲的区别。在音乐方面,北方在金、元时代受"胡乐"影响有七个音阶,而南方是五个音阶;曲辞(歌词)的用韵方面,北方已经没有入声(韵尾以 k、p、t 结束),而南方仍保存着传统的平、上、去、入四声。而在由一首首歌曲组成的舞台表演方面,则有长度(十首左右同属宫调的曲子可以组成一"套",北曲的长度是四套,与此相对,南曲对长度没有限制,可以自由组合歌曲)、歌手的数量(北方原则上应该是主演独唱,而南方则是配角也可以唱歌)等等差异。

元代被称为"曲的时代",以大都为中心有大量北曲名作被创作出来。到了元末,北曲失去了全盛期的势头,南曲曾一时流行。不过到了明代中期,世间依然以北曲为歌曲的正宗。

十六世纪,一名叫作魏良辅的乐师,对南曲的兴盛贡献巨大。他发明了一种叫作"水磨调"的唱法,复兴了元末苏州昆山玉山草堂的顾瑛沙龙中大受欢迎的昆山腔。另外,还有梁辰鱼(1520—1592 年)将昆山腔用于戏曲《浣纱记》(以春秋时代越国贤相范蠡和美女西施为主角的恋爱剧)。尔后,青木正儿在《中国近世戏曲史》中描绘的"昆曲的时代"便到来了。⑥

尽是由文人创作的昆曲,其主要享受者也是文人。昆曲不仅可以表演,更被用来阅读,因此风靡一时。因是文人的消遣而被认为有其独特价值,从而又会变成人们的品评对象。在这一点上,昆曲和书画的创作、鉴赏世界发生的情况出奇一致。而苏州制霸文化市场的情况,也发生在戏曲领域。不过,这里的戏曲是用来阅读的戏曲,相当程度上仰仗出版的威力。

文人在欣赏戏曲表演(《新刻绣像批评金瓶梅》)

---

⑥ 青木正児:『支那近世戯曲史』,东京:弘文堂,1930 年。

而当时民间广为流行的,是弋阳腔。可以这么说,昆曲的世界是在当时文人宅邸上演的才子佳人剧,与此相对,采用弋阳腔的表演则是喧嚣的鼓声与观众的喝彩欢呼声交杂在一起的武剧。喜好前者的文人并没有掩饰自己对后者的轻蔑,不过也不得不承认其普及力。昆剧直到明代相当晚期的时候,都只流行于苏州一带。

清代的戏剧,则分为供文人观赏的"雅部"和面向普通人的"花部"。清后期风靡北京剧坛的"京剧"属后者。京剧的形成,以新安"徽班"(徽州剧团)进京为发端,在此基础上又混合了以弋阳系为首的各种地方剧的元素。

在戏剧的世界,南方的各种元素也在普及的过程中体现出互相纠缠的一面。我们在思考时,除了苏州本地传承的文化,也要观察那些来跑码头的戏剧表演文化才行。

南方的多样性

就像上面讲到的,"南方"的文化其实是多种多样的。令这种多样性产生的,正是数量众多的方言。而方言也是地方戏中存在大量流派的原因之一。在昆曲流行之前,文人们喜欢的"海盐腔"只用官话(普通话。不过,后来采用吴语的昆曲作品也逐渐变多⑦)。因此,虽然一开始享受者只是少数,但

---

⑦ 参考岩城秀夫「南戯における呉語の機能」,初次出版于1953年,收录于『中国戯曲演劇研究』,东京:创文社,1973年。

逐渐也会被苏州以外的文人接受。另一方面,弋阳腔能够普及开来,其原因之一就在于积极吸收"乡语"(方言)。不过也正因使用乡语,弋阳腔更加被文人敬而远之了。被称作中国的莎士比亚的江西人汤显祖(1550—1617年)曾用自己老家的"宜黄腔"进行创作。结果在苏州没能被原样接受,最后修改了音律才得以演出。⑧

正如戏剧所体现的那样,语言问题也是讨论南方文化时非常关键的一点。传教士们也在传教时被迫深切感受到了这个问题。在序章中引用的卫匡国论及福建方言多样性的文字以外,利玛窦也记录,不同地方的文人之间需要借助笔谈来交流。⑨ 当时由于方言造成的交流不畅,是一个很大的问题。

而作为通用语的"官话"当时其实已经相当普及了。传教士们也在不久后注意到了学习官话的必要性。他们曾把官话看成是"南京话",不过关于当时的官话到底以什么地方的方言为基础,目前没有定论。⑩ 所谓"官话",是一种尽可能地保持原有语言元素(比如北方很早就消失了的入声),又作为一种超越方言的"正音"而被拟定的存在,而同为"官话",不同区域也会存在各自的偏差,目前这么总结比较稳当。⑪

以官僚为中心的知识分子,过着在公共场合讲官话、在私人空间讲方言的二重语言生活。那么,为准备科举考试而读

---

⑧ 参考前注书籍第五章「戲曲構成の技法と理論」。
⑨ 『中国キリスト教布教史 一』,第29—30页。
⑩ 鲁国尧:《明代官话及其基础方言问题——读〈利玛窦中国札记〉》,《南京大学学报(哲学社会科学版)》1985年第四期。之后南京说逐渐略占优势地位。
⑪ 参考叶宝奎《明清官话音系》,厦门:厦门大学出版社,2001年。

书的时候他们要怎么办呢？这时就不是用标准音，而是用方言的读书音。

平田昌司综观并分析了科举和语言史之间的联系后首先强调，南人在科举中有优势的原因应该到读书音和标准音相近这一点中去找，至少在诗赋占比较大的宋代以及考试科目中"诗"再度复活的清代中期之后需要考虑这一点（明代，考试不考韵文）。另一方面，他又指出在朝仪等公共场合，很重视能"音吐朗朗"地讲中原话的能力。⑫

就像上面讲到的，不论公私场面，官话和方言的关系都很错综复杂。或许也正是因为这种情况，清中期福建、广东的学校试图实施"正音"教育，不过这种一元化的努力到底还是没能成功。而再往上追溯到宋代，长于科举的福建人即便为官界输送了大量人才，依旧还是被皇帝当作"闽人"看不起的桥段，也有好些流传至今。虽然闽人可能是因为轻佻被人嫌弃，不过这种现象背后应该有相当程度还是语言的问题在作祟。

现在中国的汉语地图，被分成十个大的区块。北方大部分地区都是"官话区"（人口约6.6亿），与此相对，南方则被区分成八块。江苏、浙江北部的吴语（约七千万），福建的闽语（约五千五百万），广东、广西的粤语（约四千万）等大语群依然健在（参见颜逸明《吴语概说》，华东师范大学出版社，1994

---

⑫ 平田昌司：《唐宋科举制度转变的方言背景——科举制度与汉语史第六》，《吴语和闽语的比较研究》，上海：上海教育出版社，1995年；《清代鸿胪寺正音考》，《中国语文》2000年第六期；「制度化される清代官話——科挙制度と中国語史第八——」，高田時雄编『明清時代の音韻学』，京都：京都大学人文科学研究所，2001年。

年)。若把时间再向前推,应该会更加多样。

另外本书中没有怎么讲到的另一座江南代表城市——南京,历史上接收了很多来自北方的移民,语言上也属于官话区。南京在明代被设为陪都,和北京一样,当时也是一片有来自全国各地的官僚在此汇聚交流的土地。有必要将这样的南京和苏州进行比较探讨,不过这是笔者目前难以胜任的工作。

终章　中国史之中的"南"

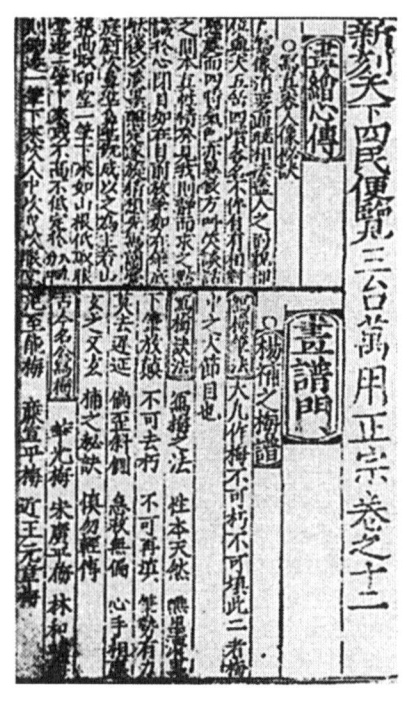

余象斗《三台万用正宗》(中国日用类书集成)

福建的衰退？

在徐光启、李之藻等的关照下于天启元年(1621年)从澳门上京的葡萄牙人里,有人在炮击演习中因走火事故而身亡。他们的教诲师、耶稣会士龙华民(Nicolò Longobardi)拜托友人何乔远(1557—1631年)撰写墓碑内容[《镜山全集》卷六六《钦恤忠顺西洋报效若翰哥里亚(João Correia)墓碑》]。何乔远是泉州人,万历十四年(1586年)进士。在关于是否要封丰臣秀吉为日本国王的议论纷起的时候,他是反对派的急先锋之一。

在时隔二十五年被起用而上京时,他听闻"西士"的传闻而前去访问教堂,在那里认识了神父。神父给他看了横排的《先世至人之书》(《圣经》?),又招待他进房间;而他在神父的床铺旁,看到了天球仪和地球仪,由此他的好奇心被西洋的"奇"重重激起,两者的交流似乎也由此展开(《镜山全集》卷三七《真奇图序》)。

何乔远回老家之后,还是在天启六年遇到了耶稣会士艾儒略(Giulio Aleni,1613—1649年),并表现出"今在山中则朝夕艾先生矣"(《西学凡序》)般的亲近。而一开始邀请艾儒略去福建的,正是第二次辞去内阁职务回老家的叶向高。虽然何乔远和叶向高都对基督教有所关心(艾儒略的《三山论学纪》中的谈话对象正是叶向高),但他们都没信教。不过在当时,福建的中下层士人中有不少人都成了信徒,基督教在当地有不小的反响。[1] 在中央当过高官的福州、泉州籍代表士人都和"西儒"(熟读汉籍的耶稣会士被这样称呼)关系亲近,由

---

[1] A. Dudink,"*Giulio Aleni and Li Jiubiao*",收录于第三章注 20 书籍。

此可以一窥当时福建的文化状况。同样面向大海,广东人很多都讨厌外国人,而福建人却表现得很开放,这是来自传教士们的评价。

何乔远对南洋表现出很多关注,这一点很"泉州人"。他对同荷兰人的贸易表示有条件的赞成,又在招抚海盗商人郑芝龙的工作中作为地方上有声望的乡绅发挥了很大作用,这也是因为他一直在思考贸易问题。② 而对一面要代表老家利益,一面时刻注意着北方局势的身居高位的叶向高和前线的沈有容等人,他也一直送去自己的点子。在北方起用郑芝龙军队的计划也是他关心的一个表现(《镜山全集》卷二三《讲沥林壑微忠疏》)。

另外,他所编纂的《闽书》不仅仅是一本单纯的福建这一省的地方志,更是具备了甚至可以称之为一部国史的独特之处。这本书和不久之后逐渐表现出潜在敌国气势的郑芝龙、郑成功父子的势力一样,象征着"福建时代"的顶点。

一般认为,清朝和郑氏的对抗,因清朝颁布的切断据点移到台湾的郑氏与本土的联络的迁界令(强制沿海居民迁居内陆),给福建带来了巨大的破坏。③ 这种评价是否妥当另当别论,然而在本书重点讨论的文化方面,后来福建确实逐渐淡去。说实话直到林则徐(1785—1850 年)出现,福建都再没有

---

② 参考前嶋信次「鄭芝竜招安の事情」,初次出版于 1964 年,收录于『〈華麗島〉台湾からの眺望』,东京:平凡社东洋文库,2000 年。
③ E. H. Vermeer ed., *Development and Decline of Fujian Province in the 17th and 18th Centuries*, E. J. Brill, 1990.

出什么像样的大人物或是具有独特个性的人。

新旧交替

第二章开头的地方讲到的余象斗,在建阳本地出版商中算是最有名的人物。当初他也做过通过科举出人头地的梦,不过连续落第令他断了念想转而去继承家业,在应试参考书、类书、史书、小说、风水书等多方面开展出版活动。而江户初期,我国进口了相当数量的"余象斗本"。④

不过,他事业的起点,是翻刻南京书肆出版的书籍。⑤ 金文京曾指出,余象斗登场的时候,在小说出版领域,福建本的势头已被南京本("京本")压倒,只能望尘莫及。⑥ 曾是领头羊的建阳,当时已逐渐被后面的羊群淹没。可以说余象斗是建阳出版业史中夕阳般的存在。

经营苏州常熟汲古阁的毛晋(1599—1659年),比余象斗晚上一代,同样是放弃科举投身出版业的一人。不过实际上他们两人的事业形成了鲜明的对比。与始终把重点放在俗书上的余象斗相比,毛晋以提供优质版本为卖点。他出版的"十七史"和《十三经注疏》都被认为是值得信赖的版本,长期被人们喜爱、使用。毛晋还对南宋刊行的通鉴节本进行了复刊,不

---

④ 参考丸山浩明「余象斗本考略」,『二松学舎論叢』第五十辑,1993年。
⑤ 参考萧东发《小说闽刻"京本"》,《图书馆杂志》1982年第一期。
⑥ 参考金文京『三国志演義の世界』,东京:东方书店,1993年,七「『三国志演義』の出版战争」。

过这里复刊出来的版本与其说是实用,不如说是为了保存已成了珍本的书籍版本而进行的一种文化事业。另外,他并没有涉足小说,而是在更加高雅的戏曲领域,编刻了《六十种曲》这部戏曲总集。

另一方面,说起余象斗,虽然他出的书的发行量、现存量都很丰富,不过人们想起他的名字,并不怎么会怀着敬意。他的业绩受到注目,是这些年的事情。

在余象斗出版的史书当中,有一册据称是袁黄(了凡)作品的《历史纲鉴补》。这是版本众多的"纲鉴"中最为普及的一种。曾在康熙帝近侧的耶稣会士冯秉正(Joseph-Anne-Marie de Moyriac de Mailla,1669—1748 年),看准皇帝当时正热衷于《纲目》,毅然将《纲目》译成了法语。法译本的序文,可以说是一篇对中国史学史的优秀介绍,其中讲到 Kang-kien(纲鉴)代表版本时便提到了袁黄的名字(preface pp. lxvi-lxvii)。而这本书也漂洋过海,在日本被加上训点并被翻刻。除此之外更有相当数量的其他版本"纲鉴"在江户时代初期渡海来到日本。⑦

作为暗流,"纲鉴"一直都有稳定的需求。不过另一方面,当时的江南已经形成了只要想要就能入手"正史"的环境。不只是历史书,"节略本的时代"也即将过去。

顾炎武生于不仅是节略本和类书这些"俗本",连善本都

---

⑦ 大庭脩:「東北大学狩野文庫架藏の御文庫目録」,『関西大学東西学術研究所紀要』第三号,1970 年。

变得唾手可得的时代的转折点上。不得不说他的成就是超人的,不过也不能忽视有这种充实基础条件的时代背景。

苏州和福建

情况的变化,不限于学术领域。南方文化,尤其是对"雅"文化的自我主张,是在明代后期开始变强的。这也就是"苏州的时代"的到来。在各种领域,苏州人像繁星一样登场。不过,如果只将注意力放在这群像的规模之大上,那么可能会无法看清这情况是如何形成的。

苏州一带文化上的成就,一言以蔽之,都是在"雅"的领域内达成的——不论是学术还是出版。不过,如果把福建的"俗"放在一旁比较,我们或许可以更加接近南方文化的本质。

比方说,顾炎武学问的支柱,由考证和"经世"两点构成。后者是"经世济民",按照现在的说法就是让学问能够为社会起到实际的作用("实学化"),以回报社会为目标。这里的"经世"也是明末南人的拿手好戏,兵学研究也可以视作其中一环。其中最大规模的"经世书籍",则是以陈子龙等松江人为中心编的《皇明经世文编》(1638年)。这本书现在也是研究明史时的重要参考资料。

不过,要是把建阳产的"经世书籍"拿过来比较,我们便能注意到它的另一面。建阳产一如既往地明确宣传自己是科举的工具书,直截了当地表示"经世论"是准备出人头地时能派上用场的工具。在这一点上,《经世文编》其实是一样的,只不过没有那么露骨地说出来。

　　类书也是一样。明末的上海出现了一本叫《三才图会》（1609年）的类书。这本书的作者是通过了科举的精英、另外还著有《续文献通考》这本大作的知识分子王圻。清时编纂的《古今图书集成》也大量采用了其中的插图说明，另外这本书也是日本江户时代诞生的《和汉三才图会》（1713年）的原型。

　　另外，建阳大量出版的类书则具有更浓重的"俗"的色彩，当局对此根本不当一回事。正如他们所讴歌的"四民通用"一般，"士"也是这些书主要的目标读者之一，因此也有专门讲琴棋书画的部类。不过，书中绘画的部分或以"写真（肖像画）秘诀"开始，或给花鸟画安排最多的篇幅，并不重视山水。这些书几乎没有反映文人画的前沿动态，试图在这些书中找到值得一看的理论可以说是一种徒劳。

　　另一方面，这些书里关于汉字源流的可疑解说，却微妙地很生动。虽然都是些正经士大夫不当一回事的东西，但这些解说的巧妙程度给传教士带来了冲击，加强了他们对象形文字的幻想。⑧

　　另外，传教士们倒是很看好花鸟画，并热心研究着庸俗历史书。明末清初的传教士们带回欧洲的汉籍中虽然没有低俗小说之类的书，但他们热心研究的四书五经注释书中，却有不

---

⑧ K. Lundbæk, *The Traditional History of the Chinese Script*, Aarhus U. P., 1988.

终章 中国史之中的"南"

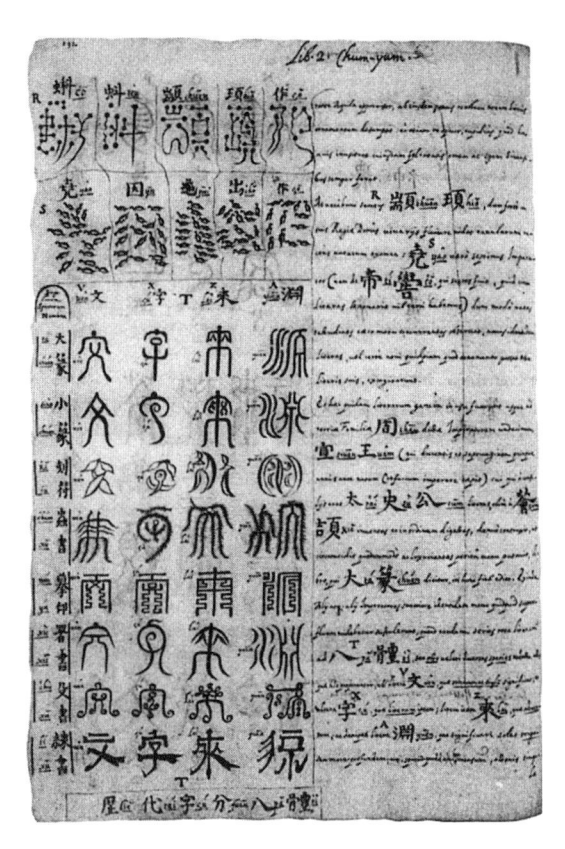

基于类书的耶稣会士的汉字研究
(*The Traditional History of the Chinese Script*)

少应试参考书。⑨ 这类书确实在当时比较好入手,而且对他们来说也比较容易入门。在是初学者这点上,他们和考生是一样的。

我们的注意力很容易被南方文化的尖端、沉淀后上面"澄清"的部分吸引过去。不过,我们也不应忘记下面还有广大的

---

⑨ A. Chan, *Chinese Books and Documents in the Jesuit Archives in Rome, A Descriptive Catalogue Japonica-Sinica* I-IV, M. E. Sharpe, 2002.

223

连接雅、俗两条线路的文化领域。

江南的文化称霸

比起顾炎武在学问领域的影响力,董其昌在美术史中所占比重要来得更大。

在他之前的南人,不过是北宋时代之前的遗产的管理人。以嫡统而自傲是没问题,不过一直以来,没有具备以自己的方式整理遗产的文化价值并对外宣传的能力。在这一点上,南北宗论一面将元代江南山水画的变化组装进中国美术史的架构里,一面创造出一整套价值体系,实在是划时代的壮举。不仅如此,他还成功将山水画中心史观写进文化里。

江南长期屈服于明初洪武帝,之后因靖难之变而受到来自永乐帝的压制、剥夺。而江南在文化的各个领域——尤其是精英/雅的文化领域——的称霸,与江南重新在政治方面开始发声的时期相一致。东林党和复社的动机绝不是要抵抗北京政府,不过它们确实可以被视为一种江南的自我主张运动。

因清朝对江南的压制,结社活动被禁止,言论也受到了管制,明末快要漫溢出来的江南的力量再次被封印。而不管是康熙帝还是乾隆帝,尽管他们非常注意自己的满族身份认同,但他们对汉人文化的倾斜情况和元朝诸帝相比可以说是非常猛烈的。蒙古人和满人的生活形态、之前和汉人的接触情况确实存在差异,不过南方文化逐渐具备了能向他们发出自己主张的力量。这一点也很重要。

董其昌《婉娈草堂图》(*The Century of Tung Ch'i-ch'ang*)
"乾隆御笔"填满了画中空白处

董其昌能够真正成为艺术界的权威,康熙帝和乾隆帝的认证起到很大的作用。⑩ 皇帝常常南巡(康熙、乾隆各六次),其直接目的是治水和视察江南民情,但南方的文化也确实很吸引皇帝(明朝皇帝在迁都北京后还去江南南巡的,只有怪人武宗去过一次)。

就这样到了清代中期,江南的精英文化作为中国文化正统的定位被确定了下来。其代表有董其昌之后的"四王吴恽"(王鉴、王时敏、王翚、王原祁、吴历、恽寿平)的山水画、顾炎武之后的考证学、昆曲的世界等等。不过,本书探讨的重点在于这种称霸文化市场背后所需要的条件。

董其昌出现的背景,是南方美术市场的成熟。前面指出,通过复制品的大量制作和目录文化的扎根,享受美术作品的人群扩大开来,而新安人和项元汴这些传统上被认为是"失格的鉴赏家"之辈则起到了很大的作用。然后,董其昌在清楚把握当时情况的基础上,借助新安人吴廷山和山人陈继儒之力,确立了自己的商标。商业主义在"雅"文化的扎根中起到了很大的作用。

人们站在清代考证学的高度,对前一个时代的学问有诸如"只是墨守朱子学,缺乏新意""学问以举业为中心运作""作为'学'的纯度很低""多杜撰"等等批判。尤其是清儒对明学的批判更是毫不留情,这种态度也被沿袭到今天。

不过,我们并不能对他们的话语囫囵吞枣。元儒的注释

---

⑩ 参考古原宏伸「董其昌歿後の声価」,『國華』一一五七号,1992年。

和节本、类书,是在"贫穷"时代中提供知识的有效手段。一边关注学术市场的情况,一边回应需求提供商品的建阳人的事业,也该得到它应有的评价。朱熹也是其中一人,我们可以看到他作为优秀卖家的一面。

南人的动向

对江南的正统文化,人们会有优雅、静谧、隐者的印象。山水画则是这些印象的一种极致的表现。不过,这种文化成长的时代,也是城市经济发展、社会流动加速的时代。在这个过程中,南人也在各地东奔西走。官僚、商人自不必说,山人、占卜师、小吏、艺人等等,他们也怀着一技之长走南闯北。既走向海外,也走向内陆。不用说,这种动向不只体现在南人身上,山西和陕西的商人,以及随他们一起将梆子戏传播出去的艺人等等,在北方也能看到这样的事例。探索中国史的时候将南北作为对照组来观察,今后应该也是依然有效的方法,不过我们不应固化这种对比,而需要对各区域的人群的复合且交错的动态保持注意。

另外,南方语言的多样性问题,也是探讨文化时不能忽视的一点。本书重点讲到的福建和新安(徽语区)都是现在的"非官话区"。苏州也是一样。这些地区的人们在近世文化的流通中发挥了极大的作用,这一点在思考中国文化的时候非常关键。可以认为,反而因为身处方言区,这里的人们对于文化交流的认识才得到了磨砺与深化。另外,通过官话联结的共同文化层次,与通过方言联结的地域文化层次是以怎样的形式聚合的,这个问题涉及教育、读书、戏剧等等领域,而对这个方面怀有问题意识的研究也逐渐出现。⑪

目前为止针对中国南方的社会研究,又或是对该地区近来在经济上取得的成功进行的解读中,都可以看到试图在"宗族"的团结中寻找其关键的倾向。本书虽然也认为宗族是非常重要的问题,但完全没有言及。不过,仅靠家族团结的稳定性来讲述、分析南方的文化,到底是不可能的。今后有待调查思考的问题依然堆积如山。

日本与江南

日本吸收中国文化的过程与江南关系极其紧密。虽然遣唐使和明代的入贡使节团的目的地在北方和西方,不过它们都途经江南。佛僧留学所去的天台山等等也主要位于南方。这和同样受到中国文化影响的朝鲜,尤其是李氏朝鲜的人们主要从北边进出中国的情况形成鲜明对照。在宋元时期,有不少人从日本渡海前往中国,其中去留学的僧人特别多,他们渡海周游南方各地,也带回了一部分当地的文化。

不过,如果像朝鲜一样每年固定派遣使节前往中国那另当别论;虽说有大量僧侣前往彼岸学习,从彼岸也有僧侣来

---

⑪ 唐沢靖彦:「帝政後期中国における話しことばの効用(1)——官話の社会的役割」,『中国哲学研究』第十号,1996年。小松謙:『中国古典演劇研究』,京都:汲古书院,2001年。

日,但人数终归有限,很难说是有稳定的交流。

因此,中国文化以书籍、法帖、绘画的形式最为大量地流入日本且具有影响力的时代,要数江户时代。现在我们的研究者在资料上经常受惠于内阁文库(日本国立公文书馆)、蓬左文库、尊经阁文库等处,而它们的藏书分别以幕府相关机构、尾张家、前田家所购入的书籍为基础。并且,这些藏书中包含了很多在"原产地"已经失传的书籍。珍籍是这个情况,而通俗性读物更是非常之多。

为什么会出现这种情况?因为采购书籍的时期正好赶上出版史的转折点,也就是本书讲到的建阳的没落期。江户时期来到长崎的福建船很多(江户中期之后转为以长江流域的船只为中心),因此建阳本被大量带进日本。建阳没落后,建阳刊行的书籍依然顽强地生存着。

之后,在中国被当作俗书而无人问津的书籍,在日本依然被尊重并流传至今。比如,"纲鉴"类实际上在日本有大量留存。虽说内容都大差不差,不过从种类上来看现在可能比中国留下的要多。我国最早将《通鉴纲目》从头到尾标上朱点*的林罗山,继承父亲事业完成了《本朝通鉴》的林鹅峰父子,平日常读的书籍不仅有《通鉴》《纲目》,也包括"纲鉴"类的书籍。另外,建阳所刊的历史小说也有很多东渡日本并留存至今。

不过建阳的时代终究还是宣告了终结,正规书籍逐渐进

---

* 用朱色标上的训点。训点是日本读者读汉语文言时,用来标示如何将原文改变成日语顺序的一类符号。——译者

入日本。《三国志演义》《水浒传》以某种程度上超越母国的狂热被迎进日本,另一方面江户的文人们也模仿起了"雅",而汉学者则吸收了考证学之风。虽说某些地方有些微妙的差异。

进入近代后,这种吸收学习的姿势也基本上没有改变。去到中国的人们,也竭尽全力地对"江南等于文雅"的印象进行了追认。确实有一些人具备能切身感受、体会文雅的能力,还有一些人因为心怀憧憬,而成功让世人注意到一些连本地知识分子都没读出来的文化侧面。

虽不能说他们现在已经后继无人,但包括笔者在内,现今很多人的感受领悟能力都极其低下确也是事实——这种状况恐怕已经无法逆转。即便如此,历史上带着一些偏差接受了江南文化的我们,依然还有其他可以做到的事。

本书相关大事年表

年份	事　件
916	阿保机建立辽朝
936	后晋的石敬瑭，将燕云十六州割让给辽朝
946	辽军暂时占领开封。兰亭定武石被拿走
960	赵匡胤建立宋朝
979	宋朝（除燕云十六州外）基本达成统一
1084	司马光将《资治通鉴》进献给皇帝
1115	阿骨打建立金朝
1125	辽朝灭亡
1126	金军占领宋朝首都开封
1127	徽宗父子成为金军俘虏，北宋灭亡（靖康之变）。高宗建立南宋
1189	金朝，章宗即位
1196	禁伪学
1200	朱熹去世
1219	《资治通鉴纲目》刊行
1234	金朝灭亡
1271	忽必烈定国号为元
1276	元军接收南宋首都临安

续表

年份	事件
1279	南宋灭亡
1314	恢复科举
1342	刘氏日新堂出版《通鉴纲目》凡例
1344	《辽史》《金史》完成
1345	《宋史》完成
1351	发生红巾之乱
1356	张士诚占领苏州
1367	朱元璋灭张士诚之吴国
1368	朱元璋建立明朝。明军北上占领大都
1376	朝鲜刊行《纲目》的木活字本
1399	燕王举兵（靖难之变）
1402	燕王占领首都并即位（永乐帝）
1405	郑和船队被派去南洋（～1433）
1418	朝鲜世宗即位
1421	迁都北京
1425	科举开始实行南北卷制度
1428	《少微通鉴节要》在建阳刊行
1436	朝鲜用铅、铜活字刊印《纲目》
1449	英宗成为蒙古军的俘虏（土木之变）
1473	钦定版《资治通鉴纲目》刊行
1476	《续资治通鉴纲目》刊行
1484	《东国通鉴》完成
1498	《资治通鉴纲目》七家注本在建阳刊行
1499	建阳大火
1504	《续资治通鉴纲目》在建阳刊行

续表

年份	事件
1514	《少微通鉴节要》在宫中刊行
1517	葡萄牙人来到广州
1528	王阳明去世
1549	严嵩成为首辅（内阁大学士首席）
1550	俺答汗包围北京
1555	《广舆图》初刻
1557	胡宗宪抓获倭寇头目王直 葡萄牙人开始定居澳门
1562	《筹海图编》刊行。戚继光到福建任职
1564	《广舆图》增补版（含有日本、琉球图）出版
1565	戚继光几乎平定了福建的倭寇
1567	这个时期海禁有所放宽
1571	与俺答汗议和。西班牙人占领马尼拉
1572	张居正成为首辅。万历帝即位
1574	林凤袭击马尼拉
1582	张居正去世。利玛窦到达马尼拉
1592	丰臣秀吉出兵朝鲜
1593	福建向萨摩派出探子
1596	宦官被派去各地负责矿山开采。荷兰人来到万丹
1598	丰臣秀吉死去
1600	徐光启见到利玛窦
1601	利玛窦定居北京
1602	李卓吾自杀。利玛窦《坤舆万国全图》刊行 沈有容、陈第登陆台湾。荷属东印度公司成立
1603	马尼拉发生针对华侨的屠杀事件

233

续表

年份	事件
1604	荷兰舰队出现在福建近海
1609	琉球服属萨摩。荷属东印度公司在平户设置商馆
1614	福州民变
1616	努尔哈赤建立后金 村山船队出现在福州近海 董其昌家宅被火烧
1619	萨尔浒之战。荷兰将雅加达改名为巴达维亚,并将其当作据点
1620	万历帝去世
1621	茅元仪《武备志》完成。毛文龙盘踞皮岛
1624	荷兰在台湾建热兰遮城
1626	明军在宁远取得胜利。努尔哈赤去世
1629	复社成立
1631	孙元化被叛军抓获（吴桥之变）
1633	徐光启去世
1636	皇太极定国号为清。董其昌去世
1644	李自成灭明。清军入北京。福王在南京即位
1645	福王政权覆灭。清朝发布薙发令
1650	郑成功占据厦门
1655	卫匡国《中国新地图集》在阿姆斯特丹出版
1658	卫匡国《中国历史十卷》在慕尼黑刊行
1661	康熙帝即位。南明政权灭亡 郑成功占据台湾。清朝发布迁界令
1664	《武备志》日本翻刻本出版
1670	《本朝通鉴》完成

续表

年份	事件
1673	发生三藩之乱
1682	顾炎武去世
1683	平定台湾

后　记

　　写到这里,有一种终于把暑假的任务型学习报告提交出去的感觉。不过,明明过了一个冬天,自己却慢一拍仍在处理和先前一样的课题,对此我自己都感到有些不好意思。

　　要不要试着写一本关于江南的书？选书出版部的山崎比吕志先生向我发出邀请,已经是三年之前的事情了。我之前为《岩波讲座 世界历史》写过一篇《江南史的水脉》(1997年),他是注意到这篇论文而向我约稿的。不过,论文作者本人已经完全忘记写过这篇文章,他对此很是吃惊。

　　啊不对,要说忘了,其实是骗人的。我们这些大学教员,最近一有点什么就被要求提交业绩目录。每当这个时候,我只得不由分说地想起这篇论文,也会因此感到有些头疼。因为这篇论文是个"纸老虎"。编辑善意地将它解读为"格局很大"并和我谈起稿子的事情,不过实际上它可以说是一篇漏洞不少,也很难经得起推敲的文章。尽管如此,我还是厚着脸皮接下约稿邀请,只因为自己对 Métier* 这套丛书怀有亲近感。

---

* 指日文原著所属的丛书"講談社選書メチエ (Métier)"。Métier 在法语中有手艺的意思,讲谈社对这套丛书名的解释是:"法语中 Métier 指的　（转下页）

后 记

只要发现哪家书店里放着这套丛书我就移不开眼睛;丛书装帧也给人很好的印象。只怪想到自己也能加入其中就开心过了头,结果稀里糊涂地接下了稿子。

不过给纸老虎塞进充实的内容,对我来说有点力不从心。唉,胡乱试着把各种可以塞进去的东西归一下类,结果自然是发现自己没有能够整理这些东西的头脑。拿起这本书的读者,恐怕会想:"乱七八糟写了一堆东西,到底想说什么呀?这家伙的专业到底是什么啊?"

"专业是什么方向?"我很怕被人问到这个问题。因为我并没有"这个拿出去肯定没问题"的拿手好戏。可以说是个"钝四"*选手。不用说,我自然不是那种不管什么类型的相扑都能摔得游刃有余的一类,而是上了土俵**总是磨磨唧唧的那一种。或许正因如此,我才对习得一技之长,在各领域的排名表上逐渐攀升的中国的南人抱有关心。

这本书的"立合"***也不能说是很正规。一开始虽然在讲书画,但我自己并没有这方面的兴趣。如果之前没有参加曾经工作过的人文科学研究所的美术研究班,我就不会了解也不会写这方面的事情。我对书画本身完全无感。不过在学

(接上页)是通过经验来掌握的技术,也指驱使工具来进行的工作,另外也指和生活紧密相连的专业技能。当今地球上的环境显现出愈发复杂的变化,时刻都会出现难以预测的情况。我们希望选编这套丛书能帮助各位读者在这种时局之下,用好自己的'手艺'。——译者

* 钝四(なまくら四つ)是相扑术语,指一些相扑选手不管"左四"还是"右四"都能应付,但容易被对手扭成对自己不利的姿势。——译者

** 相扑赛场。——译者

*** 立合(たちあい),相扑中指从蹲踞姿势站起来,开始交手的瞬间。——译者

习过程中在意起了作为书画附录的"题跋"。题跋这种资料，一般来说要从文学或是书法的角度来品味，又或是用来当评定真赝的材料，这才是正确做法。然而我的兴趣在于给作品加题跋这种行为本身。正如第213页*的图版所示，乾隆帝这个人喜欢往画上加一大堆诗文。不过他也算不上特别奇怪——客客气气地往书画作品上写或是贴上新的跋文，这种行为在装裱的时候确实会伤害到作品，不过大家一直都习以为常。简而言之，中国的书画并非作者一人完成的作品，而是落笔后仍是进行时，是一种鉴赏者也可以参与进来的作品。这对门外汉来说或许会显得有些不可思议，而我是在追踪这些附加上去的文字时，碰上了董其昌。

虽然本书在标题里高举"江南"，但书中登场的尽是福建，这并不是因为我有华侨朋友。而是因为我在参加另一个法制史研究班的时候，对某位福建籍法官的事情产生了兴趣。这位法官（本书中没有登场）是个非常话多的人（留下了好多文章）。在他的连篇长话中，可以听到关于福建人尽管在科举上获取了成功，但在其他方面难以出人头地的牢骚。史料里虽然没有表现得特别明显，但福建人因为语言在内的一些问题，毫无疑问地受到了来自中央的歧视，这些事实很大程度上规定了福建文化的性格。未能彻底解明这一点，是本书的遗憾之一。

就这样，我的兴趣逐渐偏离研究班的正道，而我不管在哪

---

* 本书第229页。——译者

个班都成了算不上战斗力的存在。不过,我对研究班这个环境的存在心存感激。

另外,本书的书名是编辑部帮它取的。羊头可以说是挂上了,至少要是说第二章在讲和书名有关的内容没人会有意见。至于卖狗肉的指责,应该由著者一人担当。

即便是第三章,我也并不是怀着正面冲击中国史学史的气势来写的——写作契机只是在天理图书馆遇到了传教士卫匡国的《中国史》。这本书并不是单纯对中国史书进行了翻译。非常不幸的是,这本书的读者的关心多在书中的叙述如何兼顾了《圣经》的历史,因此只热心阅读此书开头的部分,而这本以汉哀帝(也就是耶稣诞生的时间)为分界点的历史书,是一部应该作为一个整体来阅读的作品。

耶稣会为了使传教过程更加顺利,在把中国的古代史介绍到西方方面怀有动力。卫匡国可以说是完成了这个使命,虽说有参考的蓝本,但我还是为他探索整理一个完全未知的世界的编年史的毅力所折服。另外,此书还是西方书籍中第一本出现了大量中国人名的书(利玛窦的书只讲信徒周边的人,而且大多只介绍姓),再加上其中还有大量拉丁语的变形(虽然这是理所当然的),实在让人看了头晕眼花。自初次遇到卫匡国的书后,我花了十年左右的时间来阅读它们,本书中耶稣会士不时露脸也是出于这个原因。

就这样,本书甚至连多国籍料理都称不上,可以说它是一道无国籍料理。如果本书中有那么一点看起来像是有预先准备好菜单的地方,那都要拜山崎先生的指点所赐。另外在收尾的阶段,也蒙受所泽淳先生的照顾。

  在这里,还想向本书刚起笔阶段,我当时工作的神户女子大学的各位学生朋友、史学科的各位老师表示感谢。从学生那里,我感觉自己学到了什么是"正常"(虽然有点晚)。老师们也没有放弃我这个懒汉,总是"快写快写"地温暖地鼓励着我。到头来本该给校刊《神女大史学》写的文章也没写,希望能够以这本书对大家的厚谊做出一些回报。

  我也必须对现在的环境表示感谢。离开京都之后,我才第一次知道离资料很近是一件多么庆幸的事——对懒汉来讲尤是如此。如果没能回到这里,恐怕写这本书就不只是磨磨唧唧,而有无疾而终的危险。另外,身边有大量优秀的正统派研究者这件事,对凡夫来说也是一种多方面的刺激。

  最后,笔者还要向本书的起笔契机——在笔者向岩波讲座投稿时给予照顾的各位表示感谢。

2002 年 8 月 25 日

四十一鸳鸯子识

"海外中国研究丛书"书目

1. 中国的现代化 [美]吉尔伯特·罗兹曼 主编 国家社会科学基金"比较现代化"课题组 译 沈宗美 校
2. 寻求富强:严复与西方 [美]本杰明·史华兹 著 叶凤美 译
3. 中国现代思想中的唯科学主义(1900—1950) [美]郭颖颐 著 雷颐 译
4. 台湾:走向工业化社会 [美]吴元黎 著
5. 中国思想传统的现代诠释 余英时 著
6. 胡适与中国的文艺复兴:中国革命中的自由主义,1917—1937 [美]格里德 著 鲁奇 译
7. 德国思想家论中国 [德]夏瑞春 编 陈爱政 等译
8. 摆脱困境:新儒学与中国政治文化的演进 [美]墨子刻 著 颜世安 高华 黄东兰 译
9. 儒家思想新论:创造性转换的自我 [美]杜维明 著 曹幼华 单丁 译 周文彰 等校
10. 洪业:清朝开国史 [美]魏斐德 著 陈苏镇 薄小莹 包伟民 陈晓燕 牛朴 谭天星 译 阎步克 等校
11. 走向21世纪:中国经济的现状、问题和前景 [美]D.H.帕金斯 著 陈志标 编译
12. 中国:传统与变革 [美]费正清 赖肖尔 主编 陈仲丹 潘兴明 庞朝阳 译 吴世民 张子清 洪邮生 校
13. 中华帝国的法律 [美]D.布朗 C.莫里斯 著 朱勇 译 梁治平 校
14. 梁启超与中国思想的过渡(1890—1907) [美]张灏 著 崔志海 葛夫平 译
15. 儒教与道教 [德]马克斯·韦伯 著 洪天富 译
16. 中国政治 [美]詹姆斯·R.汤森 布兰特利·沃马克 著 顾速 董方 译
17. 文化、权力与国家:1900—1942年的华北农村 [美]杜赞奇 著 王福明 译
18. 义和团运动的起源 [美]周锡瑞 著 张俊义 王栋 译
19. 在传统与现代性之间:王韬与晚清革命 [美]柯文 著 雷颐 罗检秋 译
20. 最后的儒家:梁漱溟与中国现代化的两难 [美]艾恺 著 王宗昱 冀建中 译
21. 蒙元入侵前夜的中国日常生活 [法]谢和耐 著 刘东 译
22. 东亚之锋 [美]小R.霍夫亨兹 K.E.柯德尔 著 黎鸣 译
23. 中国社会史 [法]谢和耐 著 黄建华 黄迅余 译
24. 从理学到朴学:中华帝国晚期思想与社会变化面面观 [美]艾尔曼 著 赵刚 译
25. 孔子哲学思微 [美]郝大维 安乐哲 著 蒋弋为 李志林 译
26. 北美中国古典文学研究名家十年文选 乐黛云 陈珏 编选
27. 东亚文明:五个阶段的对话 [美]狄百瑞 著 何兆武 何冰 译
28. 五四运动:现代中国的思想革命 [美]周策纵 著 周子平 等译
29. 近代中国与新世界:康有为变法与大同思想研究 [美]萧公权 著 汪荣祖 译
30. 功利主义儒家:陈亮对朱熹的挑战 [美]田浩 著 姜长苏 译
31. 莱布尼兹和儒学 [美]孟德卫 著 张学智 译
32. 佛教征服中国:佛教在中国中古早期的传播与适应 [荷兰]许理和 著 李四龙 裴勇 等译
33. 新政革命与日本:中国,1898—1912 [美]任达 著 李仲贤 译
34. 经学、政治和宗族:中华帝国晚期常州今文学派研究 [美]艾尔曼 著 赵刚 译
35. 中国制度史研究 [美]杨联陞 著 彭刚 程钢 译

36. 汉代农业:早期中国农业经济的形成　[美]许倬云 著　程农 张鸣 译　邓正来 校
37. 转变的中国:历史变迁与欧洲经验的局限　[美]王国斌 著　李伯重 连玲玲 译
38. 欧洲中国古典文学研究名家十年文选　乐黛云 陈珏 龚刚 编选
39. 中国农民经济:河北和山东的农民发展,1890—1949　[美]马若孟 著　史建云 译
40. 汉哲学思维的文化探源　[美]郝大维 安乐哲 著　施忠连 译
41. 近代中国之种族观念　[英]冯客 著　杨立华 译
42. 血路:革命中国中的沈定一(玄庐)传奇　[美]萧邦奇 著　周武彪 译
43. 历史三调:作为事件、经历和神话的义和团　[美]柯文 著　杜继东 译
44. 斯文:唐宋思想的转型　[美]包弼德 著　刘宁 译
45. 宋代江南经济史研究　[日]斯波义信 著　方健 何忠礼 译
46. 山东台头:一个中国村庄　杨懋春 著　张雄 沈炜 秦美珠 译
47. 现实主义的限制:革命时代的中国小说　[美]安敏成 著　姜涛 译
48. 上海罢工:中国工人政治研究　[美]裴宜理 著　刘平 译
49. 中国转向内在:两宋之际的文化转向　[美]刘子健 著　赵冬梅 译
50. 孔子:即凡而圣　[美]赫伯特·芬格莱特 著　彭国翔 张华 译
51. 18世纪中国的官僚制度与荒政　[法]魏丕信 著　徐建青 译
52. 他山的石头记:宇文所安自选集　[美]宇文所安 著　田晓菲 编译
53. 危险的愉悦:20世纪上海的娼妓问题与现代性　[美]贺萧 著　韩敏中 盛宁 译
54. 中国食物　[美]尤金·N.安德森 著　马孆 刘东 译　刘东 审校
55. 大分流:欧洲、中国及现代世界经济的发展　[美]彭慕兰 著　史建云 译
56. 古代中国的思想世界　[美]本杰明·史华兹 著　程钢 译　刘东 校
57. 内闱:宋代的婚姻和妇女生活　[美]伊沛霞 著　胡志宏 译
58. 中国北方村落的社会性别与权力　[加]朱爱岚 著　胡玉坤 译
59. 先贤的民主:杜威、孔子与中国民主之希望　[美]郝大维 安乐哲 著　何刚强 译
60. 向往心灵转化的庄子:内篇分析　[美]爱莲心 著　周炽成 译
61. 中国人的幸福观　[德]鲍吾刚 著　严蓓雯 韩雪临 吴德祖 译
62. 闺塾师:明末清初江南的才女文化　[美]高彦颐 著　李志生 译
63. 缀珍录:十八世纪及其前后的中国妇女　[美]曼素恩 著　定宜庄 颜宜葳 译
64. 革命与历史:中国马克思主义历史学的起源,1919—1937　[美]德里克 著　翁贺凯 译
65. 竞争的话语:明清小说中的正统性、本真性及所生成之意义　[美]艾梅兰 著　罗琳 译
66. 云南禄村:中国妇女与农村发展　[加]宝森 著　胡玉坤 译
67. 中国近代思维的挫折　[日]岛田虔次 著　甘万萍 译
68. 中国的亚洲内陆边疆　[美]拉铁摩尔 著　唐晓峰 译
69. 为权力祈祷:佛教与晚明中国士绅社会的形成　[加]卜正民 著　张华 译
70. 天潢贵胄:宋代宗室史　[美]贾志扬 著　赵冬梅 译
71. 儒家之道:中国哲学之探讨　[美]倪德卫 著　[美]万白安 编　周炽成 译
72. 都市里的农家女:性别、流动与社会变迁　[澳]杰华 著　吴小英 译
73. 另类的现代性:改革开放时代中国性别化的渴望　[美]罗丽莎 著　黄新 译
74. 近代中国的知识分子与文明　[日]佐藤慎一 著　刘岳兵 译
75. 繁盛之阴:中国医学史中的性(960—1665)　[美]费侠莉 著　甄橙 主译　吴朝霞 主校
76. 中国大众宗教　[美]韦思谛 编 陈仲丹 译
77. 中国诗画语言研究　[法]程抱一 著　涂卫群 译
78. 中国的思维世界　[日]沟口雄三 小岛毅 著　孙歌 等译

79. 德国与中华民国 [美]柯伟林 著 陈谦平 陈红民 武菁 申晓云 译 钱乘旦 校
80. 中国近代经济史研究:清末海关财政与通商口岸市场圈 [日]滨下武志 著 高淑娟 孙彬 译
81. 回应革命与改革:皖北李村的社会变迁与延续 韩敏 著 陆益龙 徐新玉 译
82. 中国现代文学与电影中的城市:空间、时间与性别构形 [美]张英进 著 秦立彦 译
83. 现代的诱惑:书写半殖民地中国的现代主义(1917—1937) [美]史书美 著 何恬 译
84. 开放的帝国:1600年前的中国历史 [美]芮乐伟·韩森 著 梁侃 邹劲风 译
85. 改良与革命:辛亥革命在两湖 [美]周锡瑞 著 杨慎之 译
86. 章学诚的生平与思想 [美]倪德卫 著 杨立华 译
87. 卫生的现代性:中国通商口岸健康与疾病的意义 [美]罗芙芸 著 向磊 译
88. 道与庶道:宋代以来的道教、民间信仰和神灵模式 [美]韩明士 著 皮庆生 译
89. 间谍王:戴笠与中国特工 [美]魏斐德 著 梁禾 译
90. 中国的女性与性相:1949年以来的性别话语 [英]艾华 著 施施 译
91. 近代中国的犯罪、惩罚与监狱 [荷]冯客 著 徐有威 等译 潘兴明 校
92. 帝国的隐喻:中国民间宗教 [英]王斯福 著 赵旭东 译
93. 王弼《老子注》研究 [德]瓦格纳 著 杨立华 译
94. 寻求正义:1905—1906年的抵制美货运动 [美]王冠华 著 刘甜甜 译
95. 传统中国日常生活中的协商:中古契约研究 [美]韩森 著 鲁西奇 译
96. 从民族国家拯救历史:民族主义话语与中国现代史研究 [美]杜赞奇 著 王宪明 高继美 李海燕 李点 译
97. 欧几里得在中国:汉译《几何原本》的源流与影响 [荷]安国风 著 纪志刚 郑诚 郑方磊 译
98. 十八世纪中国社会 [美]韩书瑞 罗友枝 著 陈仲丹 译
99. 中国与达尔文 [美]浦嘉珉 著 钟永强 译
100. 私人领域的变形:唐宋诗词中的园林与玩好 [美]杨晓山 著 文韬 译
101. 理解农民中国:社会科学哲学的案例研究 [美]李丹 著 张天虹 张洪云 张胜波 译
102. 山东叛乱:1774年的王伦起义 [美]韩书瑞 著 刘平 唐雁超 译
103. 毁灭的种子:战争与革命中的国民党中国(1937—1949) [美]易劳逸 著 王建朗 王贤知 贾维 译
104. 缠足:"金莲崇拜"盛极而衰的演变 [美]高彦颐 著 苗延威 译
105. 饕餮之欲:当代中国的食与色 [美]冯珠娣 著 郭乙瑶 马磊 江素侠 译
106. 翻译的传说:中国新女性的形成(1898—1918) 胡缨 著 龙瑜宬 彭珊珊 译
107. 中国的经济革命:20世纪的乡村工业 [日]顾琳 著 王玉茹 张玮 李进霞 译
108. 礼物、关系学与国家:中国人际关系与主体性建构 杨美惠 著 赵旭东 孙珉 译 张跃宏 译校
109. 朱熹的思维世界 [美]田浩 著
110. 皇帝和祖宗:华南的国家与宗族 [英]科大卫 著 卜永坚 译
111. 明清时代东亚海域的文化交流 [日]松浦章 著 郑洁西 等译
112. 中国美学问题 [美]苏源熙 著 卞东波 译 张强强 朱霞欢 校
113. 清代内河水运史研究 [日]松浦章 著 董科 译
114. 大萧条时期的中国:市场、国家与世界经济 [日]城山智子 著 孟凡礼 尚国敏 译 唐磊 校
115. 美国的中国形象(1931—1949) [美]T. 克里斯托弗·杰斯普森 著 姜智芹 译
116. 技术与性别:晚期帝制中国的权力经纬 [英]白馥兰 著 江湄 邓京力 译

117. 中国善书研究　［日］酒井忠夫 著　刘岳兵 何英莺 孙雪梅 译
118. 千年末世之乱:1813 年八卦教起义　［美］韩书瑞 著　陈仲丹 译
119. 西学东渐与中国事情　［日］增田涉 著　由其民 周启乾 译
120. 六朝精神史研究　［日］吉川忠夫 著　王启发 译
121. 矢志不渝:明清时期的贞女现象　［美］卢苇菁 著　秦立彦 译
122. 纠纷与秩序:徽州文书中的明朝　［日］中岛乐章 著　郭万平 译
123. 中华帝国晚期的欲望与小说叙述　［美］黄卫总 著　张蕴爽 译
124. 虎、米、丝、泥:帝制晚期华南的环境与经济　［美］马立博 著　王玉茹 关永强 译
125. 一江黑水:中国未来的环境挑战　［美］易明 著　姜智芹 译
126. 《诗经》原意研究　［日］家井真 著　陆越 译
127. 施剑翘复仇案:民国时期公众同情的兴起与影响　［美］林郁沁 著　陈湘静 译
128. 义和团运动前夕华北的地方动乱与社会冲突(修订译本)　［德］狄德满 著　崔华杰 译
129. 铁泪图:19 世纪中国对于饥馑的文化反应　［美］艾志端 著　曹曦 译
130. 饶家驹安全区:战时上海的难民　［美］阮玛霞 著　白华山 译
131. 危险的边疆:游牧帝国与中国　［美］巴菲尔德 著　袁剑 译
132. 工程国家:民国时期(1927—1937)的淮河治理及国家建设　［美］戴维·艾伦·佩兹 著　姜智芹 译
133. 历史宝筏:过去、西方与中国妇女问题　［美］季家珍 著　杨可 译
134. 姐妹们与陌生人:上海棉纱厂女工,1919—1949　［美］韩起澜 著　韩慈 译
135. 银线:19 世纪的世界与中国　林满红 著　詹庆华 林满红 译
136. 寻求中国民主　［澳］冯兆基 著　刘悦斌 徐硙 译
137. 墨梅　［美］毕嘉珍 著　陆敏珍 译
138. 清代上海沙船航运业史研究　［日］松浦章 著　杨蕾 王亦铮 董科 译
139. 男性特质论:中国的社会与性别　［澳］雷金庆 著　［澳］刘婷 译
140. 重读中国女性生命故事　游鉴明 胡缨 季家珍 主编
141. 跨太平洋位移:20 世纪美国文学中的民族志、翻译和文本间旅行　黄运特 著　陈倩 译
142. 认知诸形式:反思人类精神的统一性与多样性　［英］G.E.R.劳埃德 著　池志培 译
143. 中国乡村的基督教:1860—1900 年江西省的冲突与适应　［美］史维东 著　吴薇 译
144. 假想的"满大人":同情、现代性与中国疼痛　［美］韩瑞 著　袁剑 译
145. 中国的捐纳制度与社会　伍跃 著
146. 文书行政的汉帝国　［日］富谷至 著　刘恒武 孔李波 译
147. 城市里的陌生人:中国流动人口的空间、权力与社会网络的重构　［美］张骊 著　袁长庚 译
148. 性别、政治与民主:近代中国的妇女参政　［澳］李木兰 著　方小平 译
149. 近代日本的中国认识　［日］野村浩一 著　张学锋 译
150. 狮龙共舞:一个英国人笔下的威海卫与中国传统文化　［英］庄士敦 著　刘本森 译　威海市博物馆 郭大松 校
151. 人物、角色与心灵:《牡丹亭》与《桃花扇》中的身份认同　［美］吕立亭 著　白华山 译
152. 中国社会中的宗教与仪式　［美］武雅士 著　彭泽安 邵铁峰 译　郭潇威 校
153. 自贡商人:近代早期中国的企业家　［美］曾小萍 著　董建中 译
154. 大象的退却:一部中国环境史　［英］伊懋可 著　梅雪芹 毛利霞 王玉山 译
155. 明代江南土地制度研究　［日］森正夫 著　伍跃 张学锋 等译　范金民 夏维中 审校
156. 儒学与女性　［美］罗莎莉 著　丁佳伟 曹秀娟 译

157. 行善的艺术:晚明中国的慈善事业(新译本) [美]韩德玲 著 曹晔 译
158. 近代中国的渔业战争和环境变化 [美]穆盛博 著 胡文亮 译
159. 权力关系:宋代中国的家族、地位与国家 [美]柏文莉 著 刘云军 译
160. 权力源自地位:北京大学、知识分子与中国政治文化,1898—1929 [美]魏定熙 著 张蒙 译
161. 工开万物:17世纪中国的知识与技术 [德]薛凤 著 吴秀杰 白岚玲 译
162. 忠贞不贰:辽代的越境之举 [英]史怀梅 著 曹流 译
163. 内藤湖南:政治与汉学(1866—1934) [美]傅佛果 著 陶德民 何英莺 译
164. 他者中的华人:中国近现代移民史 [美]孔飞力 著 李明欢 译 黄鸣奋 校
165. 古代中国的动物与灵异 [英]胡司德 著 蓝旭 译
166. 两访中国茶乡 [英]罗伯特·福琼 著 敖雪岗 译
167. 缔造选本:《花间集》的文化语境与诗学实践 [美]田安 著 马强才 译
168. 扬州评话探讨 [丹麦]易德波 著 米锋 易德波 译 李今芸 校译
169. 《左传》的书写与解读 李惠仪 著 文韬 许明德 译
170. 以竹为生:一个四川手工造纸村的20世纪社会史 [德]艾约博 著 韩巍 译 吴秀杰 校
171. 东方之旅:1579—1724耶稣会传教团在中国 [美]柏理安 著 毛瑞方 译
172. "地域社会"视野下的明清史研究:以江南和福建为中心 [日]森正夫 著 于志嘉 马一虹 黄东兰 阿风 等译
173. 技术、性别、历史:重新审视帝制中国的大转型 [英]白馥兰 著 吴秀杰 白岚玲 译
174. 中国小说戏曲史 [日]狩野直喜 张真 译
175. 历史上的黑暗一页:英国外交文件与英美海军档案中的南京大屠杀 [美]陆束屏 编著/翻译
176. 罗马与中国:比较视野下的古代世界帝国 [奥]沃尔特·施德尔 主编 李平 译
177. 矛与盾的共存:明清时期江西社会研究 [韩]吴金成 著 崔荣根 译 薛戈 校译
178. 唯一的希望:在中国独生子女政策下成年 [美]冯文 著 常姝 译
179. 国之枭雄:曹操传 [澳]张磊夫 著 方笑天 译
180. 汉帝国的日常生活 [英]鲁惟一 著 刘洁 余霄 译
181. 大分流之外:中国和欧洲经济变迁的政治 [美]王国斌 罗森塔尔 著 周琳 译 王国斌 张萌 审校
182. 中正之笔:颜真卿书法与宋代文人政治 [美]倪雅梅 著 杨简茹 译 祝帅 校译
183. 江南三角洲市镇研究 [日]森正夫 编 丁韵 胡婧 等译 范金民 审校
184. 忍辱负重的使命:美国外交官记载的南京大屠杀与劫后的社会状况 [美]陆束屏 编著/翻译
185. 修仙:古代中国的修行与社会记忆 [美]康儒博 著 顾漩 译
186. 烧钱:中国人生活世界中的物质精神 [美]柏桦 著 袁剑 刘玺鸿 译
187. 话语的长城:文化中国历险记 [美]苏源熙 著 盛珂 译
188. 诸葛武侯 [日]内藤湖南 著 张真 译
189. 盟友背信:一战中的中国 [英]吴芳思 克里斯托弗·阿南德尔 著 张宇扬 译
190. 亚里士多德在中国:语言、范畴和翻译 [英]罗伯特·沃迪 著 韩小强 译
191. 马背上的朝廷:巡幸与清朝统治的建构,1680—1785 [美]张勉治 著 董建中 译
192. 申不害:公元前四世纪中国的政治哲学家 [美]顾立雅 著 马腾 译
193. 晋武帝司马炎 [日]福原启郎 著 陆帅 译
194. 唐人如何吟诗:带你走进汉语音韵学 [日]大岛正二 著 柳悦 译

195. 古代中国的宇宙论　[日]浅野裕一 著　吴昊阳 译
196. 中国思想的道家之论:一种哲学解释　[美]陈汉生 著　周景松 谢尔逊 等译　张丰乾 校译
197. 诗歌之力:袁枚女弟子屈秉筠(1767—1810)　[加]孟留喜 著　吴夏平 译
198. 中国逻辑的发现　[德]顾有信 著　陈志伟 译
199. 高丽时代宋商往来研究　[韩]李镇汉 著　李廷青 戴琳剑 译　楼正豪 校
200. 中国近世财政史研究　[日]岩井茂树 著　付勇 译　范金民 审校
201. 魏晋政治社会史研究　[日]福原启郎 著　陆帅 刘萃峰 张紫毫 译
202. 宋帝国的危机与维系:信息、领土与人际网络　[比利时]魏希德 著　刘云军 译
203. 中国精英与政治变迁:20世纪初的浙江　[美]萧邦奇 著　徐立望 杨涛羽 译　李齐 校
204. 北京的人力车夫:1920年代的市民与政治　[美]史谦德 著　周书垚 袁剑 译　周育民 校
205. 1901—1909年的门户开放政策:西奥多·罗斯福与中国　[美]格雷戈里·摩尔 著　赵嘉玉 译
206. 清帝国之乱:义和团运动与八国联军之役　[美]明恩溥 著　郭大松 刘本森 译
207. 宋代文人的精神生活(960—1279)　[美]何复平 著　叶树勋 单虹泽 译
208. 梅兰芳与20世纪国际舞台:中国戏剧的定位与置换　[美]田民 著　何恬 译
209. 郭店楚简《老子》新研究　[日]池田知久 著　曹峰 孙佩霞 译
210. 德与礼——亚洲人对领导能力与公众利益的理想　[美]狄培理 著　闵锐武 闵月 译
211. 棘闱:宋代科举与社会　[美]贾志扬 著
212. 通过儒家现代性而思　[法]毕游塞 著　白欲晓 译
213. 阳明学的位相　[日]荒木见悟 著　焦堃 陈晓杰 廖明飞 申绪璐 译
214. 明清的戏曲——江南宗族社会的表象　[日]田仲一成 著　云贵彬 王文勋 译
215. 日本近代中国学的形成:汉学革新与文化交涉　陶德民 著　辜承尧 译
216. 声色:永明时代的宫廷文学与文化　[新加坡]吴妙慧 著　朱梦雯 译
217. 神秘体验与唐代世俗社会:戴孚《广异记》解读　[英]杜德桥 著　杨为刚 查屏球 译　吴晨 审校
218. 清代中国的法与审判　[日]滋贺秀三 著　熊远报 译
219. 铁路与中国转型　[德]柯丽莎 著　金毅 译
220. 生命之道:中医的物、思维与行动　[美]冯珠娣 著　刘小朦 申琛 译
221. 中国古代北疆史的考古学研究　[日]宫本一夫 著　黄建秋 译
222. 异史氏:蒲松龄与中国文言小说　[美]蔡九迪 著　任增强 译　陈嘉艺 审校
223. 中国江南六朝考古学研究　[日]藤井康隆 著　张学锋 刘可维 译
224. 商会与近代中国的社团网络革命　[加]陈忠平 著
225. 帝国之后:近代中国国家观念的转型(1885—1924)　[美]沙培德 著　刘芳 译
226. 天地不仁:中国古典哲学中恶的问题　[美]方岚生 著　林捷 汪日宣 译
227. 卿本著者:明清女性的性别身份、能动主体和文学书写　[加]方秀洁 著　周睿 陈昉昊 译
228. 古代中华观念的形成　[日]渡边英幸 著　吴昊阳 译
229. 明清中国的经济结构　[日]足立启二 著　杨缨 译
230. 国家与市场之间的中国妇女　[加]朱爱岚 著　蔡一平 胡玉坤 译
231. 高丽与中国的海上交流(918—1392)　[韩]李镇汉 著　宋文志 李廷青 译
232. 寻找六边形:中国农村的市场和社会结构　[美]施坚雅 著　史建云 徐秀丽 译
233. 政治仪式与近代中国国民身份建构(1911—1929)　[英]沈艾娣 著　吕晶 等译
234. 北京的六分仪:中国历史中的全球潮流　[美]卫周安 著　王敬雅 张歌 译

235. 南方的将军:孙权传 [澳]张磊夫 著 徐缅 译
236. 未竟之业:近代中国的言行表率 [美]史谦德 著 李兆旭 译
237. 饮食的怀旧:上海的地域饮食文化与城市体验 [美]马克·斯维斯洛克 著 门泊舟 译
238. 江南:中国文雅的源流 [日]中砂明德 著 江彦 译